ESG + SDGs

ESG + SDGs

초판 1쇄 인쇄　2022년 4월 15일
초판 1쇄 발행　2022년 4월 18일

지 은 이　이나겸 임수영
펴 낸 이　한영희
디 자 인　고윤경
인쇄제본　정휘D&P
펴 낸 곳　미디어 한강
등　　록　제 2020-000002호
연 락 처　02-6378-8404
이 메 일　media_hangang@naver.com
블 로 그　http://blog.naver.com/media_hangang　

ISBN　　979-11-978099-0-3　03300

이 책의 저작권은 저자에게 있습니다. 저자와 출판사의 허락 없는 인용과 발췌를 금합니다.
파본은 구입하신 곳에서 교환해 드립니다.
가격은 뒤표지에 있습니다.

ESG + SDGs

이나겸·임수영 지음

미디어 한강

추천사

　20세기 이후 인류는 눈부신 경제적 발전을 이루었다. 하지만 경제적 번영만큼 많은 사회적 갈등도 생겨났다. 상당수의 문제들이 긍정적인 방향으로 치유되었지만, 해결되지 못하고 더 커진 상처도 아직 남아있다. 이러한 문제들은 21세기의 우리들이 해결해야 할 과제들이다. 이러한 모순들은 시대적 가치관의 혼돈에서 비롯되기도 했다. 세대 간, 지역 간, 집단 간 갈등을 넘어선 통합이 필요하고, 미래를 준비하는 새로운 통합된 가치 체계를 만들어야 하는 이유가 여기에 있다.

　갈등을 치유하고 가치관을 새롭게 정립하기 위해서는 새로운 통합의 패러다임이 제시되어야 한다. 그 가운데 가장 유력한 도구로 주목받는 것이 ESG이다. ESG는 경제적인 문제들의 해결 방법을 선택할 때 환경(Environment), 사회(Social), 거버넌스(Governance)를 고려하자는 주장인데, 단순히 경제만 생각하자는 입장을 떠나 우리 사회를 통합적으로 바라보고, 사회 전체의 지속가능성을 만들어내고 유지하기 위한 고민의 산물이다. UN은 PRI(Principle for Responsible Investment)를 출범시키는 등 ESG 원칙의 정립을 위한 여러 노력과 이니셔티브를 제안했다. 2015년에는 인류 공통의 목표인 SDGs(Sustainable Development Goals)를 선포하였고, 전인류가 추구해야할 지속가능한 방향에 대한 나침반을 제시하고 목표 달성을 위해 노력하고 있다.

한국에서도 ESG는 사회적으로 중요한 화두가 되고 있는데, 더 나아가 사회 전체를 통합하기 위한 보편적 가치로 자리잡을 필요가 있다. ESG는 미래 세대를 배려하고, 사회적 시스템 자체를 변화시키고자 하는 미래지향적 가치관이다. ESG를 통해 세대와 지역, 시대를 아우르는 보편적 가치관을 정립하고 이를 통해 사회의 통합과 발전, 인류의 미래를 선도적으로 발전시키기 위해 우리 사회는 패러다임 시프트를 해야 한다.

새로운 시대의 패러다임은 대한민국의 미래를 긍정적으로 변화시킬 패러다임이어야 한다. 대한민국의 미래는 희망이 있고, 사회적 갈등이 건강하게 치유되며, 시스템이 합리적으로 운영되고, 환경적으로도 지속가능한 사회여야 한다. 우리 사회는 세계적 화두인 SDGs를 솔선해서 실천함으로써 단순히 세계적 흐름에 동참하는 수준을 떠나 세계를 선도하고, 전인류의 평화와 공존에 기여하는 진정한 선진국으로 변화할 필요가 있다. 그러한 변화를 위한 힘찬 노력의 일환으로 기업과 사회가 모두 ESG에 대한 깊은 이해를 보유하고 실천을 위해 노력하는 환경이 달성되어야 한다.

이 책을 통해 독자 여러분들이 ESG와 SDGs에 대해 보다 깊은 이해를 얻고, 사회 변화를 위한 노력의 필요성을 깨달으실 수 있기를 바란다.

2022년 4월 농협대학교 총장 최상목(전 기획재정부 차관)

머리말

우리는 불확실성이 지배하는 현재에 살고 있다. 현대 과학에 의하면, 약 138억년 전 아무것도 존재하지 않던 시기에 빅뱅에 의해 우주가 탄생한 이후, 아직 증명되지 않은 어떤 계기에 의하여 어린 지구위에 미생물이 탄생하였고, 수많은 진화를 거쳐 약 30만년 전에 인류의 직접적인 조상인 호모사피엔스가 지구의 우세종이 되었다고 한다.

이후 세계 각지에서 문명이 탄생하고 문자가 발명되어 기록이 만들어지기 시작했다. 스톤헨지가 지어졌고, 이집트는 왕조를 세웠으며, 피라미드가 만들어지고, 매머드는 멸종하였다. 언어로 문학작품들이 기록되었으며 최초의 성문법인 함무라비 법전이 만들어졌다. 몇 개의 종족들은 사라지고 다시 새로운 종족이 그 땅에 들어섰으며 청동기 시대에서 철기시대로 변화하였다. 페니키아 문자가 만들어지고 국가들은 서로 교역을 했으며 그리스에서는 도시국가들이 들어섰다.

서양 철학은 고대 그리스를 그 기원으로 본다. 소크라테스와 플라톤, 아리스토텔레스와 같은 고대의 철학자들이 만들어낸 이론적 논의는 서양 사상의 기초를 갖추었다. 이후 중세시대를 거치면서 신학과 결합된 철학적 논의들이 이루어졌으며 토마스 아퀴나스와 같은 철학자들이 등장하였다. 이후 인간의 이성이 다시 중요시되는 인본주의 시대에 접어들면서 이성, 자유와 같은 개념들이 떠올랐다. 예컨대 데카르트는 인간은 생각하기에 존재한다고 주장하였다. 이후 프랑스혁명, 미국 시민혁명과 같은 역사적인 사건들이 이어지면서 공리주의가 대두되었으며 무엇이 좋은 것인지, 옳은 것인지에 대한 논의는 더 풍요로워졌다. 철학적 사상의 발달은 근대 지성사의 기본이 되어 동서양을 아울러 현대의 철학, 윤리, 문화, 사회, 경제에 많은 영향을 끼치게 된다.

　우리 사회 역시 19세기 이후 격변의 시기를 겪으며 많은 변화가 있었고 1970년대 이후 '한강의 기적'이라고 불릴 만큼 경제적 부흥을 이루게 되었지만, 급격한 변화에 따라 여러 가지를 상실하게 된다. 1988년도 서울 올림픽은 고도성장의 상징으로 다수의 국민들에게 경제적인 성취감을 주게 되었으나 급속한 고도성장에 따른 부작용으로 사회의 가치체계가 경제발전의 수준보다 느리게 변화함에 따라 새로운 사회와 기존의 가치가 충돌하고 기존의 체계가 부정되었으나 새로운 가치체계가 정립되지 않는 혼돈이 발생하였다. 이에 따라 윤리적 규범의 혼란, 철학적 가치와 시대정신의 간극 속에 발생한 가치체계의 왜곡현상으로 인해 오만하고 다중적인 갈등의 사회가 만들어졌다. 경제적인 번영 속에서 사회체계 또한 많은 변화를 겪었는데, 부의 보편화에 따른 계급의 차별화가 시도되고, 문화는 욕망의 과시를 드러내기 위한 중요한 수단으로 활용되었으나, 문화적 표현의 토양이 되는 깊이 있는 지성의 표출은 미미하였다.
　변화하는 사회는 시대에 맞는 새로운 기준을 만들어낸다. 일종의 사회적응력으로서, 사회는 당대에 맞는 일정 수준 이상의 행동양식을 가질 것을 요구한다. 우리는 가정과 사회 학교 등의 공동체를 통하여, 사회에서 살아가는 인간으로서의 필요한 기본 요소를 습득하며 사회에 적응하여간다. 하지만 복잡해지는 현대 사회에서는 가치관의 혼동과 교육 윤리 철학의 부재로 인하여 최소한의 기준에 도달하지 못하는 수가 늘어났다. 사회가 요구하는 행동양식의 기준에 맞추기 위하

머리말

여 유년기의 가정교육 또는 기초교육이 제공된다. 교육을 통해 사회가 요구하는 질서와 규칙을 익히고 사회에 적응하게끔 한다. 이러한 사회 적응력은 생애의 상당기간 동안 요구되는 수준 이상으로 유지된다. 노년이 되어 늘 새로이 변화하는 사회에 대한 적응이 느려지고 기존의 가치 체계나 행동 양식에 변화를 주기 어렵게 되면 사회 적응력은 다시 일정 수준 이하로 떨어지게 된다. 농담조로 쓰이는 꼰대, '라떼는 말이야'와 같은 말들이 노년층의 변화한 사회에 대한 적응이 어려운 현상을 보여주는 사례이다.

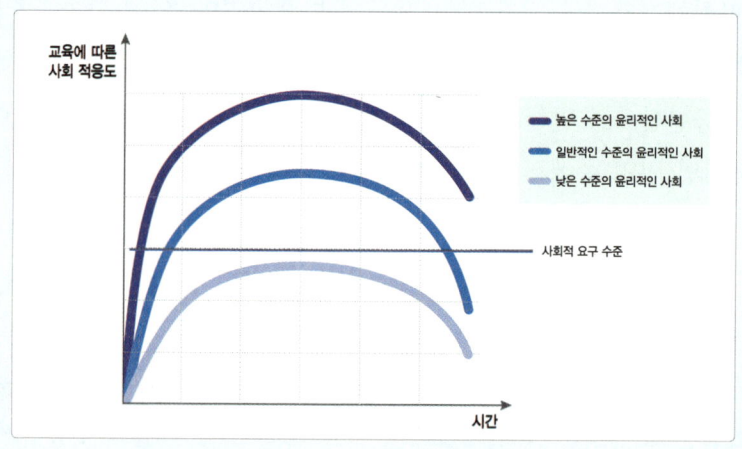

인간 사회는 끊임없이 변화하고 발전하며 더 나은 세계를 만드는 방향으로 나아간다. 21세기에 제시된 키워드는 '지속가능성'이다. 현대 문명사회가 지속가능하며, 문명의 혜택을 인류 모두가 공평하게 나누기 위한 노력이 요구되는 것이다. 유엔에서는 2015년 지속가능개발

목표(Sustainable Development Goals)를 선언하였고 인류 모두가 함께 추진해야 할 목표라고 천명하였다. 이 목표는 기존의 인류가 경험해 왔던 사회보다 한 차원 높은 가치체계와 행동양식을 요구한다. 1988년 서울올림픽에서 증명한 한국사회의 경제적 부흥은 이후 90년대의 문화적 번영으로 이어졌듯이 경제적 발전 이후에는 문화적 발전을 요구하는 단계가 온다.

지속가능성은 지금까지의 경제적 발전을 문화적 수준의 발전으로 고양하고자 하는 개념이다. 경제활동에도 환경과 사회를 고려하고 인류 공통의 가치를 배려하는 것이 필요하다는 것 뿐만 아니라 사회 전반에 있어 그 가치들을 배려하자는 것이다. 이러한 추세는 ESG를 대표적인 개념으로 하여 제시되고 있으며, 이미 사회 전반에서 광범위하게 관찰되고 있다, 사회적 책임, 윤리적 소비와 같은 단어들이 그 사례이다. 현재의 가치체계에 적응하지 못하고 과거에만 매달리는 사람 꼰대라고 부르는 것처럼, ESG가 당연해진 시대에 적응하지 못하는 사람은 꼰대라고 불릴 시대가 오고 있다.

경제적 발전 다음에는 문화적 발전 단계가 온다. 문화적 발전 이후에는 역사의 시대가 온다.

이상적인 사회는 경제적 단계, 문화적 단계, 역사적 단계의 순서로 발전한다. '곳간에서 인심난다', '금강산도 식후경'이라는 말처럼 경제적 생존의 문제는 가장 절박한 생존의 문제 중 하나이다. 이 단계에서 충분히 발전하고 나면 인심도 생기고, 금강산 경치도 보게 된다.

머리말

타인에 대한 배려와 같은 매너도 갖추게 되고 좋은 경치와 같은 아름다움도 감상하게 된다는 것으로서, 필수적인 의식주 이외의 문화적인 요소들을 삶에 고려하게 된다는 것이다. 1인당 국민총소득이 1만 달러, 2만달러, 3만달러로 높아질 때마다 활황을 맞게 되는 산업들이 다르다. 소득이 높아지고 경제적인 필요가 충족된 다음에는 문화적인 요구들이 나타나고, 이는 소비뿐만 아니라 생활양식의 변화 또한 동반한다. 예를 들어 소득이 높아지면서 영화관이 처음 생기고, 영화가 보편적인 취미로 자리잡고, 이후 뮤지컬 극장에도 방문하게 된다. 뮤지컬은 영화보다 티켓값이 훨씬 비싸지만 소득이 충분히 높아졌다면 뮤지컬이라는 문화상품에 기꺼이 그 금액을 지불한다. 한편 사회가 안정화되면서 사람들 간의 의사소통도 복잡해지고 개인의 고유성이 존중받으면서 의사소통의 방식 또한 달라진다. 예전에는 영화라는 선택지밖에 없었다면 이제는 영화를 볼지 뮤지컬을 볼지 선택할 수 있다. 두 사람이 함께 영화나 뮤지컬을 보러 가기로 한 경우라면 영화를 볼지 뮤지컬을 볼지, 어떤 영화, 어떤 뮤지컬을 볼지, 언제 볼지, 어떤 자리에서 볼지 등 선택해야 할 것이 많아진다. 이 때 발생하는 의사소통은 하나의 영화관에서 하나의 영화만을 상영하던 시대의 의사소통과는 다를 것이다. 말하기에 있어 매너와 존중이 더 중요해진다. 상대방의 의사를 존중하고, 잘 듣고 잘 말하는 매너가 필요하며, 이러한 매너는 교육과 사회적인 적응을 통해 습득하게 된다. 경제 단계에서 요구되는 것보다 더 복잡한 사회적 의사소통 기술을 배우고 활용해야 하는 것이 문화 단계이다.

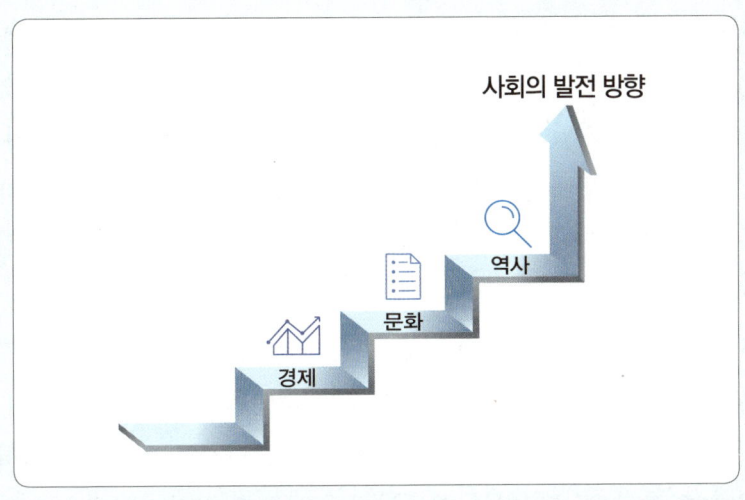

　문화 단계 이후는 역사단계이다. 문화가 지속되면 전통이 되고 역사가 된다. 문화 속에는 역사가 녹아있으며, 오랜 시간을 통해 전해준 문화적 자산들은 그 역사성 때문에 더 인정받게 된다. 고전은 시간을 통해 검증되었고 근원적인 가치를 담고 있기에 고전이라고 불린다. 과거로부터 전승된 역사는 내가 어디서 시작되었느냐는 존재에 대한 근거를 알려주는 이야기이기도 하다. 자아를 구성하는 단단한 뿌리로서의 개인의 역사는 나라는 존재가 오늘날 존재하기에 앞섰던 많은 사람들의 이야기를 담고 나를 보다 단단한 기반 위에 설 수 있게 하고, 자기자신에 대한 인식을 명확하게 한다. 이는 세계에 대한 인식을 확장하고 타인에 대한 이해를 확장한다.

머리말

　MZ세대의 일원 중 하나인 90년대 생을 사례로 보면, 그들은 90년대에 태어나 IMF의 영향을 직간접적으로 겪었고, 신자유주의가 선포된 세상에서 자라났고 경쟁과 저성장을 체감한 세대이다. 그들의 부모인 베이비붐 세대는 고도성장기에 자라고 일해 성취를 만들어내고 자수성가한 경험을 가진 세대이다. 그들의 부모인 세대는 일제 강점기에 태어나 소학교를 다니며 일본어를 배웠고, 전쟁과 군정으로 이어지는 불안한 시절을 겪었으며, 전근대적 사회부터 현재 21세기의 디지털 시대까지의 급격한 변화를 모두 겪어낸 세대이다. 그들의 부모는 20세기에 태어나 조선이 대한제국으로, 다시 식민지로 변화하는 것을 경험하고 중세적인 농경사회에서 살다가 갑작스럽게 밀려들어 온 근대 서양문물의 충격을 겪어낸 세대이다.

　4세대에 걸친 경험은 오늘의 90년대생이 21세기에 존재하는 배경이다. 이러한 배경은 개인의 무의식적인 태도와 경향을 구성하며, 이러한 배경을 알고 이해하는 것은 개인의 그 자신과 세계에 대한 이해와 자부심을 확장한다. 시간을 타고 만들어진 정신적, 문화적 토대로서의 역사는 개인에게서 사회로 확장되면서 사회 전체의 정신적인 토대를 구성한다. 내가, 우리가 누구이며 어디서 왔는지를 아는 것은 스스로에 대한 이야깃거리를 만들어내며, 나를 우리로 확장시키며, 나에 대한 애정을 우리에 대한 애정으로 확장할 수 있게 한다. 문화적 기반은 현재의 나를 자랑스럽게 여기게끔 하며, 역사적 기반은 나와 공동체를 자랑스럽게 여기게 하는 정신적인 바탕이다.

경제적 풍요가 충족된 다음에는 인간다운 삶의 양식은 표출하는 문화적인 태도가 요구되며, 문화적인 태도가 당연한 것으로 자리잡은 다음에는 그를 오랫동안 축적함으로서 만들어지는 역사적 가치가 중요해지게 된다. 인류의 풍요는 현재가 종착역이 아니며 아직 먼 길이 남아 있다. 그 가치로서 제시된 지속가능성은 21세기 문화 시대의 윤리이다. 지속가능성을 추구하기 위한 계단으로서의 ESG는 현재 사회의 변화를 이끌 핵심적인 패러다임이다.

이 책에서는 ESG에 대한 이해를 돕기 위한 개념의 형성과 발전, 개념에 대한 검토, 국내외의 실천현황을 설명하였다. 아울러 관계된 경제적, 사회적, 윤리적 이론들을 통하여 ESG의 이론적 근거들에 대해 논의하고 환경, 사회, 운영 각각의 이슈들을 구분하여 ESG에 대한 실질적인 이해를 돕고자 하였다.

21세기의 사람들은 현재를 구성할 뿐만 아니라 22세기의 세계를 준비하는 사람들이다. 후손에게 물려줄 현재의 지구의 보전, 만들어지고 있는 인류 역사의 축적이 아름답게 이루어지기 위해서는 오늘만을 바라보는 것이 아닌, 다가올 미래를 보는 장기적인 시각과 통찰이 요구된다. ESG에 대한 이해는 사회에 대한 이해를 높이고, 사회 적응력이 일정 수준 이상인 수를 늘게 하고 문화 단계로의 이행에 도움이 될 것이다.

이나겸 임수영

Contents

추천사

머리말

제1장 다음 시대를 위한 패러다임으로서의 ESG   18

제2장 ESG 개념

    1. ESG와 SDGs   28
    2. 용어의 정의   38
    3. 지속가능한 환경 (E)   53
    4. 포용적인 사회 (S)   70
    5. 윤리적인 거버넌스 (G)   89

제3장 ESG의 발전

    1. 풍요의 시대 이전   106
    2. 보편적인 선의   110
    3. 선한 의도의 사회화   113
    4. ESG 선언   125

제4장 국내외 현황

    1. 주요 기업의 ESG 실천 현황   140
    2. 해외 제도 현황   149
       1) 정보공개   149
       2) 탄소배출권 거래제   154

3. 국내 제도 현황　　　　　　　　　　　　　　160
　　　　1) ESG 공시 의무화　　　　　　　　　　　160
　　　　2) 탄소중립 정책　　　　　　　　　　　　164
　　4. 금융계의 동향　　　　　　　　　　　　　　166

제5장　ESG 주요 이론

　　1. 기업의 장기적 이익 창출　　　　　　　　　174
　　2. 케인즈적 태도　　　　　　　　　　　　　　180
　　3. 이해관계자 이론　　　　　　　　　　　　　185
　　4. 공유지의 비극　　　　　　　　　　　　　　193
　　5. 21세기의 칸트적 태도　　　　　　　　　　　198
　　6. 사회 속의 기업시민　　　　　　　　　　　　206
　　7. 신뢰의 가치　　　　　　　　　　　　　　　213

제6장　ESG 이슈별 분류체계

　　1. E와 S와 G의 결합　　　　　　　　　　　　222
　　2. E와 ES　　　　　　　　　　　　　　　　　223
　　3. S와 G와 SG　　　　　　　　　　　　　　　226
　　4. EG와 ESG　　　　　　　　　　　　　　　　228
　　5. ESG 체계 안의 SDGs 이슈　　　　　　　　 230

제7장　더 나은 현대사회를 위한 변화　　　　　238

특별 대담　ESG 반대론자와의 뜨거운 논쟁　　252

감사의 글　　　　　　　　　　　　　　　　　　267
참고 문헌　　　　　　　　　　　　　　　　　　268

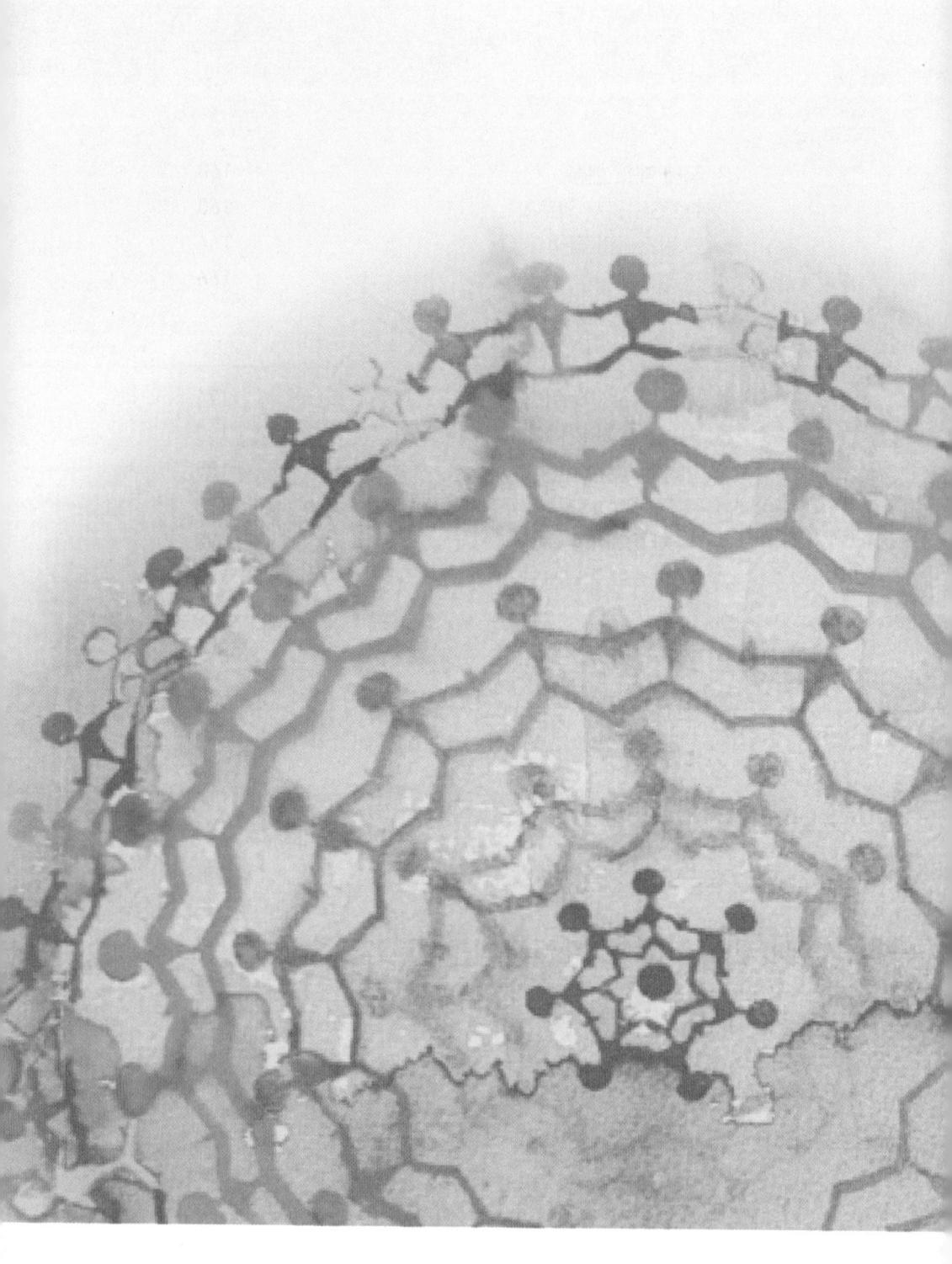

제1장

다음 시대를 위한 패러다임으로서의 ESG

제1장. 다음 시대를 위한 패러다임으로서의 ESG[1]

"저는 ESG에 반대합니다.

왜냐하면 ESG는 좌파들을 위한 이론이라고 생각되기 때문입니다!

시민을 대표하지 않는 시민단체의 주장을 위해 기업이 불필요한 비용을 지출해선 안됩니다!

대한민국에서 ESG가 올바르게 정착하려면 이념세력과의 연계성

---

1) ESG의 필요성과 중요성 등이 사회 전반적으로 급격히 확대하고 있는 바 본 서적의 일부 내용은 공인된 학회지에 직접 발표했던 'ESG행정을 위한 야간 경관 수요에 대한 조사 연구' 및 '산업분야에서의 ESG활용을 위한 기초적 연구'와 2022년 내 발표 예정인 '건설산업을 위한 ESG 지표체계 개발 연구 초안(가칭)'을 기초적으로 활용하였다. 특히, ESG와 관련한 보다 세부적이고 전문적인 지식은 논문으로 발전시켜 발표할 예정이다.

을 확실히 정리하고 기업이 순수하게 경제논리에서 접근할 수 있는 방안을 보장해줘야 합니다!"

얼마전 받은 ESG에 반대하는 분의 편지 일부분이다. 그분과의 뜨거운 논쟁은 이 책의 마지막에 실었다. 그분의 의견을 듣다보니 ESG에 대한 오해가 많다는 것을 알게 됐고 그 오해를 풀어주고 함께 고민해가는 과정이 필요하다는 결론에 도달했다. 지금부터 ESG에 대해 알아보는 여정을 시작해보자.

인류가 지금처럼 풍요를 누리게 된 것은 그리 오래되지 않았다. 인류는 탄생 이후 오랜 기간 동안 사냥과 수렵으로 생명을 유지해 왔다. 이후 농경을 발견하고 문명이 형성되면서 인류는 서서히 발전하기 시작했다. 정착을 하고 부락을 이루었으며 관습과 규칙을 만들어냈다. 문자의 발명으로 지식의 기록과 전수가 용이해졌으며, 국가가 탄생했다. 고대에서 중세를 거쳐 르네상스로 넘어오면서 생활이 조금씩 풍요로워지기 시작했다. 요리법이 발달하고 옷을 만들어 입었으며 움막 대신 벽돌로 지은 집에 살고 길을 만들고 전쟁을 하고 지식을 발전시켜나갔다. 상업 또한 발달했는데, 교역이 이루어지면서 중국의 도자기가 유럽으로 수출되거나 실크로드가 만들어지기도 했다. 해안을 접한 도시들은 교역으로 크게 발달했으며, 문명과 유행의 중심지가 되기도 했다.

18세기 영국에서 산업혁명이 일어나면서 농업과 가내수공업에 생산을 의지하던 경제는 기계를 활용한 생산으로 생산방식에 있어 큰 변화를 겪었다. 이러한 기술적인 변화는 사람들의 일하는 방식과 사회가 움직이는 방식을 완전히 바꾸어놓았다. 기술적인 발전은 사회구조의 변화와 더불어 전 세계로 번져나갔다.

'산업혁명'이라는 용어는 19세기 영국의 경제역사학자이자 같은 이름을 가진 유명 역사학자의 백부인 아놀드 토인비가 영국의 경제적 발전을 표현하는 단어로 사용하면서 널리 알려졌다. 산업혁명은 경제적인 발전뿐만 아니라 사회적, 문화적, 환경적으로도 혁명적인 영향을 미쳤다.

석탄과 석유가 내연기관을 위한 연료로 사용되었고, 철과 유리가 등장하였다. 기계를 통한 생산은 인력을 절감하면서 생산성의 증대를 가져왔고, 포드주의로 대표되는 분업과 전문화에 의한 공장 생산은 생산성의 향상과 효율화를 위해 적극 활용되었다. 생산은 점점 증대되었고, 늘어나는 생산량을 뒷받침할 원재료의 공급처로서 신대륙과 식민지가 개발되었고, 제국주의도 함께 등장하였다. 교통과 물류의 발달, 기차와 수송선의 활용, 자동차, 비행기, 전보와 라디오 같은 과학기술의 발달이 가져온 편리한 도구들이 일상생활에 자리잡았다. 전분야에 걸친 기술적인 발전은 자연자원의 더 많은 사용과 대량생산을 다시 촉진하였다. 기술의 발전은 공업이 아닌 분야에서도 발전을 가져왔는데, 농업생산의 증대, 무역의 발전, 경제시스템과 사상의 발전들이 동반되었을 뿐만 아니라 영양공급이 나아지고 위생상태가 개선되면서 인구 또한 늘어나게 되었다.

이러한 모든 발전의 결과로, 지금은 몇 백년 전에는 상상도 못 했던 풍요를 누리고 있지만, 여기에는 몇 가지 모순이 잠재해 있다. 첫째는 지구는 유한한데 비해 자본주의는 무한한 발전을 추구한다는 것이고, 둘째는 생산력의 폭발적인 증대에도 불구하고 그 혜택이 골고루 분배되지 못한다는 점이다.

커피 한 잔만 보더라도, 이 커피가 눈앞의 컵에 담기기까지는 많은 과정이 소요된다. 생산지에서 농부는 커피를 키우고 수확한다. 커피나무를 키우고 열매를 맺기까지 지속적으로 관리를 하고 적절히 약을 쳐 병충해를 예방하는 과정이 필요하다. 커피체리가 익으면 커피콩을 수확해서 선별하고 세척하며 건조하고 마대에 담는다. 마대에 담긴 커피는 차에 실려서 항구로 이동하고 항구에서 배를 타고 바다를 건넌다. 다른 항구에 도착한 커피는 다시 차에 실려 도매상으로 이동하고 창고에 있다가 다시 소매상으로 이동하고, 로스팅 기계에서 볶이고, 분쇄되어 커피 머신에 들어간다. 커피머신은 커피를 내리고 우리는 컵에 커피를 따른다.

기나긴 생산의 과정에서 현대사회의 혜택을 받지 않은 곳은 단 한 단계도 없다. 판매할 수 있을 만큼의 농업생산성은 농업기술의 발달에 근거한다. 커피콩의 이동은 현대사회의 물류시스템에 의존한다. 도매에서 소매로 이어지는 과정은 물류뿐만 아니라 발달된 금융시스템이 받치고 있다. 커피를 가마솥에 볶는 게 아니라 철로 만들어진 기계에서 로스팅하고, 모터로 돌아가는 분쇄기에서 분쇄하고, 커피 머신으로 내려서 마신다. 커피가 담긴 컵은 머그컵일수도 일회용 종이컵일수도 있다. 머그컵은 아마 공장에서 대량생산된 제품일 것이다. 일회용 종이컵은 분명히 공장에서 대량생산된 제품이다.

지금 마시는 커피 한 잔은 현대사회의 발전을 집약한 물건이다. 우리가 누리는 일상은 현대사회의 발전과 풍요에 기반하여 있다. 그러나 이 발전과 풍요는 환경에 대한 파괴와 불평등이라는 모순을 안고 있는 발전이다. 이러한 모순을 해결하지 않고 지속한다면 결국 인간은 지구가 감당할 수 있는 수준 이상으로 경제를 팽창하려 하고 자연환경은 회복불능인 상태가 될지도 모른다.

다시 커피 얘기로 돌아가서, 커피농장에서 일하는 커피생산자들은 커피 한 잔 값만큼의 돈을 벌 수 있을까? 커피를 생산하는 농부들은 커피 500그램에 1달러 내외, 그러니까 천 원 정도의 가격만 받는 경우도 많다. 커피를 생산하는 농부들이 커피 한 잔 값도 못 받고 원두를 공급하는 상황이 벌어지는 것이다. 이러한 불평등은 농부들에게 고통을 안겨줄뿐만 아니라 그들이 필요로 하는 최소한의 요구조차 충족하지 못하도록 할 수 있다. 이러한 상황이 지속된다면 커피산업의 지속가능성뿐만 아니라 커피 생산자의 사회를 포함하여 사회 전체의 불편과 불평등을 악화시킬 수 있다.

이러한 모순을 해결하기 위해 등장한 것이 ESG다. 인간이 사회와 환경을 고려하여야 한다는 생각은 아주 오래전부터 있어왔다. 모두가 행복한 사회를 만드는 것에 대한 고민은 고대 그리스의 플라톤의 저작에서부터 발견된다. 플라톤은 〈폴리테이아〉에서 이상적인 사회에 대해 묘사한다. 파괴되는 자연 환경을 보호해야 한다는 생각은 자연을 개발하기 시작한 시점부터 제기되었다. 레이첼 카슨의 〈침묵의 봄〉은 1960년대에 이미 자연의 훼손을 증언했다.

ESG가 기존의 환경을 보호하고 사회를 더 낫게 만들어야 한다는 일련의 흐름과 구분되는 지점은, 거버넌스(거버넌스는 우리말로 운영, 또는 지배구조라고 번역할 수 있으나 두 용어 모두 거버넌스의 개념 전체를 포괄하지 못해 오해를 야기할 수 있다. 지배구조는 시스템의 형성에, 운영은 시스템의 활용에 치우친 의미를 갖기 때문이다. 따라서 이하에서는 정확한 개념 전달을 위해 거버넌스라는 단어를 사용하고자 한다)에 대한 지적이다. ESG는 환경과 사회에 기여하는 데 그치지 않고, 현대사회의 기업을 비롯한 조직들의 거버넌스 역시 윤리적인 태도를 바탕으로 해야 한다고 주장한다. 조직의 의사결정, 구성원들의 가치체계, 일하는 방식 자체의 변화를 통해 더 나은 미래를 만들어내자는 움직임이다. 기존의 비용 대비 효용으로 평가받는 시장에서 환경과 사회와 같은 비경제적 가치들을 시장에 편입시켜 눈에 보이게 하고, 가치평가에 포함하자는 것이다. 이를 통해 산업혁명 이후 만들어지고 점점 더 심화되는 모순을 해결하고자 한다. ESG라는 용어가 처음 투자 분야에서 만들어진 것은, 자본주의의 굳건한 기반인 투자자들에게 우선적인 참여를 요청했다는 점에서 자연스럽다.

ESG는 산업혁명 이후 시대의 성과물이자 다음 시대를 열어나가고자 하는 패러다임이다. 세계는 유한한데 경제는 계속 성장하고 사회는 불평등하니 이 모순을 해결해보자는 것이다. 이를 통해 현재 우리가 살아가는 사회와 미래 세대가 살아갈 사회를 지속가능하게 하고, 인류가 불행하게 - 아마 소득이 낮은 순으로 - 종말을 맞기 전에 더 나은 미래를 만들고자하는 패러다임이다. 기존에 만들어낸 경제적 발전의 성과를 무효화하거나, 자연 속에서의 삶만을 추구하는 것이 아닌, 현대사회가 잃어버린 균형, 환경과 사회에 대한 배려를 다시 사회의 가치체계 안에 내재화하자는 것이다.

현대사회가 누리는 풍요는 산업혁명 이후 인류 전체가 노력한 결실이지만 그로 인한 책임도 있다는 것을 알아야 한다. 현대사회에서 산업발전의 혜택을 누리는 우리 모두는 현대 사회가 만들어낸 모순에 대해 책임이 있다. ESG는 기업에게 요구되는 비재무적 성과로 이해되는 경우가 많다. 기업은 생산자이면서 구매자이기도 하고 시장경제의 한 축을 담당하고 있다는 점에서 가장 먼저 ESG를 실천하고 다음 시대를 열어나가는데 참여할 것을 요청받았다. 그러나 현대사회가 기업만으로 작동하지는 않는 것처럼, 개개의 소비자이자 시민인 우리 모두가 할 수 있는 역할이 있다.

이전 사회와 구분되는 다음 사회는 사회적인 변화, 가치체계의 변화를 요구한다. 현재의 모순을 해결하기 위한 움직임은 새로운 가치관으로의 변화를 수반하기 때문에, 각자가 할 수 있는 일들을 알고 나아가 실천하는 일은 다음 시대를 열어가는 우리에게 요구되는 책임이기도 하다.

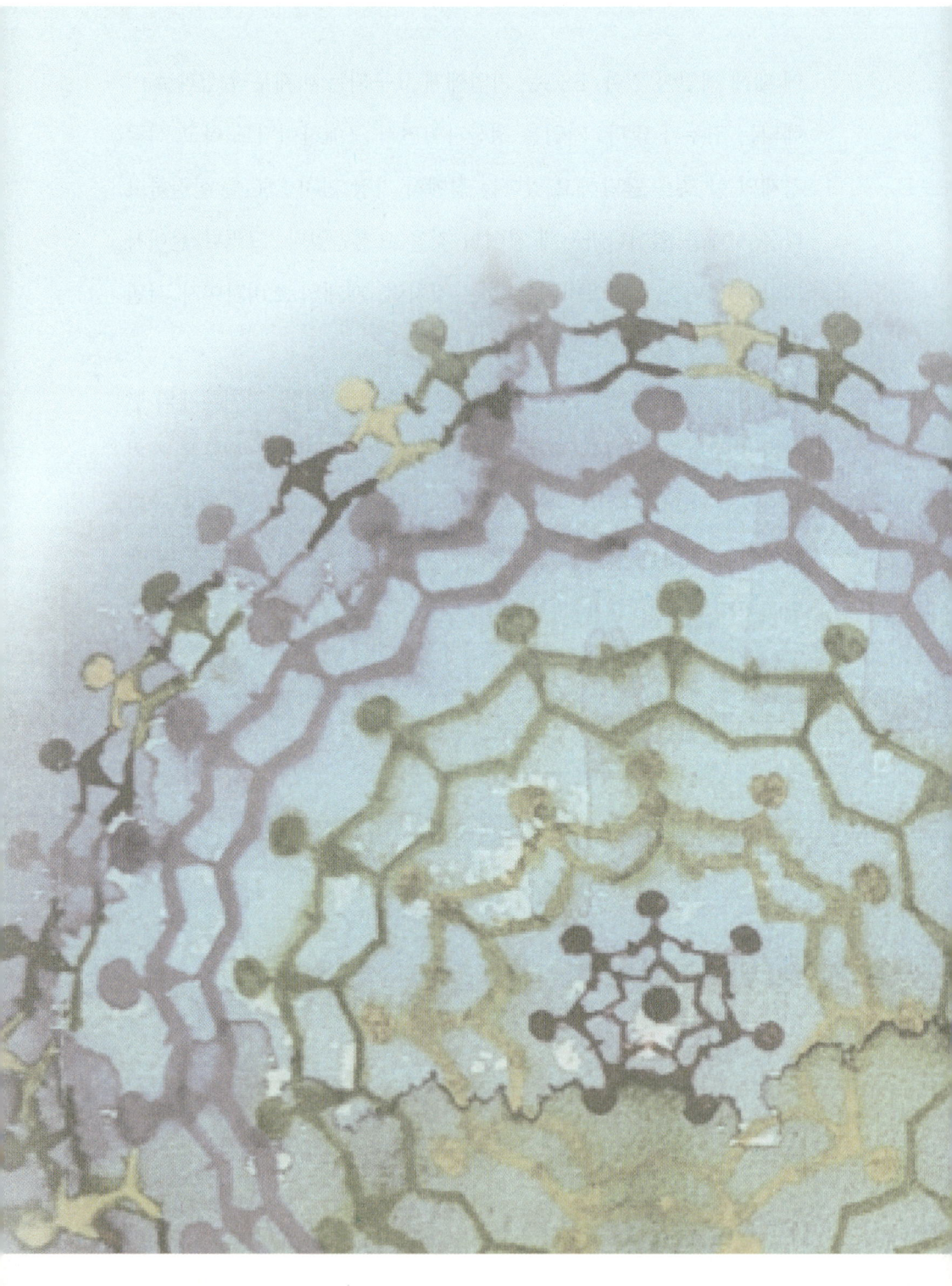

제2장

ESG 개념

1. ESG와 SDGs

2. 용어의 정의

3. 지속가능한 환경 (E)

4. 포용적인 사회 (S)

5. 윤리적인 거버넌스 (G)

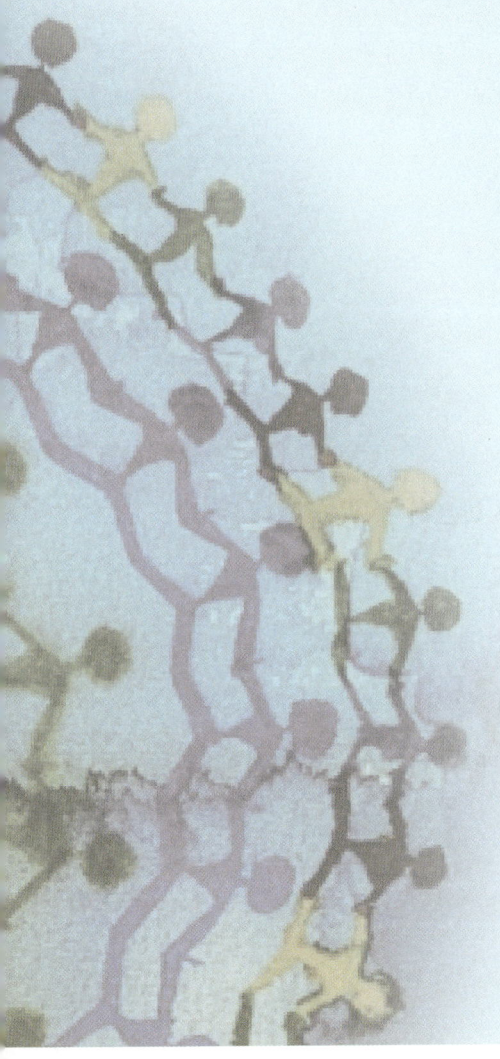

제2장. ESG 개념

1. ESG와 SDGs

국제사회는 오래전부터 지속가능성을 확보하기 위한 협력을 추구해 왔다. 가장 최근에 만들어진 목표인 지속가능발전목표(SDGs : Sustainable Development Goals) 이전에는 밀레니엄 개발목표(Millennium Development Goals)가 있었다. 2001년 탄생한 MDGs는 국제 사회가 새천년을 시작하며 2015년까지 이행해야 할 8개의 목표를 제시하였다.

1. 극한 빈곤 및 기아의 퇴치(Eradicate extreme poverty and hunger)
2. 보편적 초등교육체계 구축(Achieve universal primary education)
3. 양성평등의 증진과 여성인권 신장(Promote gender equality and empower women)
4. 유아사망 감소(Reduce child mortality)
5. 모자보건 증진(Improve maternal Health)
6. HIV/AIDS, 말라리아 등 질병 퇴치(Combat HIV/AIDS, malaria and other diseases)
7. 환경의 지속가능성 보장(Ensure environmental sustainability)
8. 개발을 위한 국제적 협력관계 구축(Develop a global partnership for development)

MDGs는 주로 저개발국에 대한 목표를 설정하였고, 선진국에서 저개발국으로의 시혜나 인도적 지원에 한정되는 지엽적인 주제들로 구성되었다는 비판을 받았다.

2015년 9월 25일 제70차 UN총회에서 193개 국가의 지도자들은 2016년부터 2030년까지 달성해야할 새로운 지속가능발전목표(SDGs)를 결정하였다. 세계의 정부, 기업, 비영리단체와 시민들까지 참여하는, 지속가능발전의 이념을 실현하기 위한 인류 공동의 17개 목표이다. UN은 17개 목표에 대해서 169개의 세부목표를 설정하였다. 세부목표들은 국가 단위에서 실현할 수 있는 내용으로 되어 있고, 그 수혜자와 참여자는 모든 사람을 대상으로 한다. 17개 목표는 다음과 같다.

1. 모든 곳에서 모든 형태의 빈곤 종식(End poverty in all its forms everywhere)
2. 기아 종식, 식량안보와 개선된 영양상태의 달성, 지속가능한 농업 강화(End hunger, achieve food security and improved nutrition and promote sustainable agriculture)
3. 모든 연령층을 위한 건강한 삶 보장과 웰빙 증진(Ensure healthy lives and promote well-being for all at all ages)
4. 모두를 위한 포용적이고 공평한 양질의 교육보장과 평생학습 기회 증진(Ensure inclusive and equitable quality education and promote lifelong learning opportunities for all)
5. 성평등 달성과 모든 여성 및 여아의 권익신장(Achieve gender equality and empower all women and girls)
6. 모두를 위한 물과 위생의 이용가능성과 지속가능한 관리 보장(Ensure availability and sustainable management of water and sanitation for all)
7. 모두를 위한 적정가격의 신뢰할 수 있고 지속가능하며 현대적인 에너지에 대한 접근 보장(Ensure access to affordable, reliable, sustainable and modern energy for all)

8. 모두를 위한 지속적·포용적·지속가능한 경제성장, 완전하고 생산적인 고용과 양질의 일자리 증진(Promote sustained, inclusive and sustainable economic growth, full and productive employment and decent work for all)

9. 회복력 있는 사회기반시설 구축, 포용적이고 지속가능한 산업화 증진과 혁신 도모(Build resilient infrastructure, promote inclusive and sustainable industrialization and foster innovation)

10. 국내 및 국가 간 불평등 감소(Reduce inequality within and among countries)

11. 포용적이고 안전하며 회복력 있고 지속가능한 도시와 주거지 조성(Make cities and human settlements inclusive, safe, resilient and sustainable)

12. 지속가능한 소비와 생산 방식의 보장(Ensure sustainable consumption and production patterns)

13. 기후변화와 그로 인한 영향에 맞서기 위한 긴급 대응(Take urgent action to combat climate change and its impacts)

14. 지속가능발전을 위하여 대양, 바다, 해양자원의 보전과 지속가능한 이용(Conserve and sustainably use the oceans, seas and marine resources for sustainable development)

15. 육상생태계 보호, 복원 및 지속가능한 이용 증진, 지속가능한 산림 관리, 사막화 방지, 토지황폐화 중지와 회복, 생물다

양성 손실 중단(Protect, restore and promote sustainable use of terrestrial ecosystems, sustainably manage forests, combat desertification, and halt and reverse land degradation and halt biodiversity loss)

16. 지속가능발전을 위한 평화롭고 포용적인 사회 증진, 모두에 대한 정의로운 절차 보장, 모든 단계에서 효과적이고 책임성 있으며 포용적인 제도 구축(Promote peaceful and inclusive societies for sustainable development, provide access to justice for all and build effective, accountable and inclusive institutions at all levels)

17. 이행수단 강화와 지속가능발전을 위한 글로벌 파트너십 재활성화(Strengthen the means of implementation and revitalize the global partnership for sustainable development)

SDGs 17가지 목표

SDGs는 인류의 지속을 위해 유엔에서 수립한 국제사회의 최대 공통 목표이다. ESG는 그 이전인 2004년에 투자 분야의 기관들에게 투자 시 환경적, 사회적 고려가 필요함을 이야기하고 그 판단을 돕기 위해 만든 함축적, 개념적 기준이다. 2006년에는 PRI(Principle for Responsible Investment)가 만들어지면서 지속가능한 발전을 위한 노력이 이어져 왔다. ESG는 SDGs보다 함축적이고, 유연하며, 상황에 맞추어 활용할 수 있는 여지가 더 크다. 반면 SDGs는 구체적으로 17개 분야를 제시하고 있으며 세부목표와 지표를 제시하여 구체적인 실천을 요구한다.

SDGs는 개발이 지속가능하게 하고자 한다. SDGs는 미래세대를 배제하지 않는 개발을 통해 현 세대가 더 나은 삶을 누리고자 하고 아울러 미래 세대의 발전을 위한 그들의 몫을 남겨두어야 한다고 주장한다. SDGs는 경제적 발전을 부정하지 않고 오히려 독려한다는 점에서 ESG와 맥락을 같이한다. 투자 분야에 대하여 ESG라는 프레임워크를 SDGs 이전에 제시한 것은 투자 분야가 기업에 대해 미치는 힘을 높이 평가하였고, 이를 통해 기업이 환경적, 사회적으로 긍정적인 방식으로 활동함으로써 세계의 변화를 이끌어내고자 했던 것으로 생각된다.

최초 ESG라는 단어를 사용할 때는 금융시장을 통해 환경과 사회에 긍정적인 변화를 만들고 지속가능한 사회를 만들 수 있다는 믿음이 있었는데, 이는 2015년 SDGs가 선언되면서 차츰 개념적으로 통합되는 양상을 보여왔다. 환경이나 사회에 대한 의제는 그 이전부터 있어왔고 이것이 2004년 금융 분야에서 ESG라는 이름으로 제시되었으며 이를 적극적으로 실천하기 위한 이니셔티브로 PRI 원칙이 제시되었다. 한편 지속가능성을 위한 보다 통합되고 국제적인 협력을 위해 2015년 SDGs라는 이름으로 개념적인 틀이 주어졌다. SDGs는 17개의 세부분야로 나누어 지속가능성을 위한 구체적인 목표들을 제시하였다.

ESG의 참여자들은 금융 분야의 분석가, 재무기관, 기업, 투자자, 연금기관, 컨설턴트, 입법기관, 주식시장, 비정부기구로 비교적 제한적인데 반해, SDGs의 경우 각 국가를 비롯하여 모든 사람의 참여와 모든 사람을 위한 수혜를 목표로 한다는 점에서 차이가 있다. 따라서 SDGs는 ESG에 비해 보다 포괄적이고, 불특정다수를 고려하며, 윤리적인 원칙들을 제시하고, 정책 등 국가기관에 의해 달성가능한 목표들을 제시한다.

그러나 이 둘은 지속가능성을 확보하기 위해 환경과 사회 분야에서 긍정적인 변화를 만들기 위해 노력한다는 점에서는 본질적으로 같은 것이라고 볼 수 있다. 다만 ESG에서는 거버넌스를 강조하기 때문에 지속가능성을 만들어내기 위한 전략적 접근 방법에 있어 차이를 보이나 최근에는 SDGs를 ESG와 혼용하여 기업의 환경적, 사회적 성과를 만들어내기 위한 프레임워크로 도입하는 경향이 있다. 기업에서 환경적, 사회적 기여를 만들어내기 위해 활용하고 있는 SDGs 프레임워크는 ESG 프레임워크와 그 설명에 있어 유사한 양상을 보인다.

'SDGs는 국제적으로 합의된 장기적인 지속가능성 목표'이고 '투자자와 시스템의 수준에서 실제 세계에 대한 영향력을 측정하는 프레임워크'로 쓰일 수 있으며, 'GDP성장이나 금융시스템의 지속가능성과 같은 거대한 수준에서부터 기업과 투자자들의 위험과 기회에 관한 세부적인 수준에 이르기까지 이정표 역할'을 할 수 있다.

몇몇 투자자들은 이미 다음 단계를 향하는 회사들과 위험에 관하여 논의하는 데에 SDGs를 활용하고 있다. 근래에는 기업의 특정한 결함을 고치는 데 머무르지 않고 이를 넘어서 장기적인 해결책을 찾고 더 나은 행동관습을 만들기 위해 투자자들이 관여하는 일이 새로운 유행으로 떠오르고 있다. 리스크와 운영에 관한 이러한 개념은 점점 더 확장되고 널리 받아들여지게 되어 SDGs 의제는 투자자들에게 ESG 관여를 추진할 새로운 언어와 절차를 준다.

앞서가는 생각을 가진 회사들은 그들이 선택한 SDGs를 전략적으로 반드시 이겨야 하는 전투에 대응시키곤 한다. 다우 케미컬은 지속가능한 행성과 사회로의 이행을 이끌기로 계획하고 그들이 2025년까지 달성하기로 설정한 높은 목표는 일곱 개의 구체적인 세부 목표로 전환되었다. 지속가능성 목표를 실천하기 위해 다우는 세 가지 주제에 집중했는데, 사람과 과학의 가능성을 열고, 자연에 가치를 두고, 용기있는 연합을 만드는 것이다. SDGs를 그들의 2025년까지의 목표에 대응함으로써 다우는 지속가능한 개발을 위한 노력이 점점 회사의 전략과 통합되어감을 확신할 수 있었다. 목표-측정-행동의 단계를 따라가면서 SDGs는 기업의 연례보고서에 포함되었다.

제약분야에서는 SDGs 3번 목표인 '건강과 웰빙'이 자연스러운 관심의 초점이다. 글락소스미스클라인(GSK)은 SDGs 3.8번 목표인 '모두를 위한, 안전하고 효과적이고 품질이 좋고 부담가능한 수준의 필수 의약품과 백신'을 기업 전략에 포함시키는 데 성공한 제약회사이다. GSK는 네덜란드의 독립적 이니셔티브가 분류한 Access to Medicine Index에서 107개의 저소득 내지 중간소득 국가의 의약품에 대한 접근성을 향상시키는 데 가장 큰 노력을 기울인 제약회사로 자리매김하였다. GSK의 합리적인 가격정책으로 인해, 더 가난한 국가들이 지적재산권 침해에 우려 없이 가장 시급한 건강 이슈 중 하나에 대응할 수 있었고, 훌륭한 선의와 시장에서의 강력한 존재감을 획득할 수 있었다. 협력관계는 GSK의 성공에 절대적 요소였다. 아프리카 연구기관들, 지방정부, 그리고 때로는 존슨앤존슨과 같은 경쟁자와의 협력을 통해 확장성을 달성했다. 이 협력관계를 통해 GSK

는 연구개발 역량을 활용할 수 있었고, 제품에 대한 접근성을 높여주었으며, 최종적으로 새로운 시장을 상업적으로 개척할 수 있었다. 의약품에 대한 접근 전략에 높은 우선순위를 두고 확장 가능한 세부전략을 설정함으로써 GSK는 새로운 시장을 열었다. 그 결과 GSK의 CEO인 앤드루 위티가 "다른 6억만 명의 사람들"이라고 부르는 새로운 소비자들의 거대한 풀이 만들어졌고, GSK는 개발도상국에서 자사 매출의 약 25%에 달하는 매출을 올리고 있다.

환경, 사회, 거버넌스 모두가 고려되어야 하는 것은 지속가능성이 인류의 포용적인 사회의 지속을 위해 대두된 개념이기 때문이다. 인류의 존속을 위해서는 환경이 보호되어야 하고 기후가 유지되어야 한다. 인간은 지구에 살기 때문에 지구가 지속가능하지 않으면 인류도 지속가능하지 않기 때문이다. 인류의 구성원 하나하나가 모두 온전히 자기 삶을 자기 몫만큼 누릴 수 있어야 하기 때문에 최소한의 음식, 교육, 주거 등 인간다운 생활을 갖추어야 한다. 세계는 점점 더 상호의존적이고 동시적으로 사건들이 발생한다. 코로나 시국에 물류망에 제동이 걸리자 전세계에서 물류대란과 그로 인한 물가상승이 촉발되었다. 계속 상호의존적으로 변화하는 세계는 어느 한쪽이 무너지면 전체가 영향이 받는 구조를 만들어내게 되었다.

코로나로 인한 물류수요의 증가, 인력부족은 세계각지에서 물류대란을 초래했는데, 이는 생산이 세계화된 상황에서 한 분야의 문제

발생은 다른 분야에 연쇄적으로 영향을 주기 때문이다. 물류수요의 증가는 선박 등 운송수단의 부족, 운임의 향상으로 이어져 물가상승까지 초래했고, 일부기업은 손해를 보면서 수출을 하거나 수출을 포기하는 경우도 발생하였다.

ESG나 SDGs 모두 전 사회와 환경에 대해 긍정적인 기여를 만들어 내기 위한 개념적 프레임워크, 그를 위한 행동을 하기 위한 판단기준으로 작용하고 있는 점은 동일하다. ESG는 최초에는 투자 분야에서 윤리적인 선택을 고취하고자 만들어졌으며, 이는 지속가능한 환경, 포용적인 사회, 윤리적인 거버넌스가 모두를 위한 번영을 가져온다는 신념 위에 만들어졌기 때문이다. 따라서 ESG나 SDGs를 통해 윤리적인 선택들을 반복해서 하는 것, 구체적으로 환경과 사회에 기여할 수 있는 행동을 하는 것, 그를 위한 윤리적인 거버넌스를 만드는 것은 지구 전체를 위한 일이며 서로 연결된 세계에서 추구해야 할 방향이다.

2. 용어의 정의

ESG라는 용어에 대하여는 많은 논의가 있어왔는데, ESG라는 단어가 널리 쓰이기 이전부터 사회적 책임투자, 책임투자, 기업의 사회적 책임 등 유사한 개념의 선상에 있는 많은 용어들이 만들어졌고 혼용되어 쓰여왔다. 또한 ESG라는 용어가 쓰이는 분야가 투자 분야인지, 기업 경영 분야인지, 사회공헌 분야인지 등 사용되는 맥락에 따라 ESG에 대한 개념이 조금씩 다르게 받아들여졌다.

이에 따라서 제기된 문제점으로서 ESG에 대한 주요한 비판 중의 하나는 용어의 정의가 미진하다는 것이다.

ESG라는 단어는 여기저기에서 쓰이고 있지만 개념적으로 명확하게 합의된 정의는 아직 찾아보기 어렵다. 서로 바꿔 쓸 수 있을 것처럼 보이는 용어들이 혼용되고 있으며, 넓은 의미에서는 동의어처럼 보이는 많은 단어가 동시에 사용되고 있다. 많은 학자들이 개념을 정의할 수 있는 적절한 용어를 찾기 위해 노력해왔다. 그러한 학계의 노력으로 최근 몇 년 사이 다른 개념에 대해 새로운 용어를 만들어냄으로써 상당한 진보를 이룩했다.

국내 논문에서 ESG를 정의한 선행 연구들을 보면 다음과 같은 정의들이 이루어지고 있다.

> 전통적 투자는 재무적 관점만을 중시하는 반면, 사회책임투자(SRI)는 재무적 요소와 더불어 환경·사회·거버넌스의 비재무적 요소를 핵심가치로 여기는 투자방식이다. 기업의 ESG는 사회적 책임(Corporate Social Responsibility, CSR)과 마찬가지로 단기적이 아니라

장기적인 활동이다. 따라서 ESG는 장기적으로 기업 가치와 기업의 지속가능성(sustainability)에 큰 영향을 주는 요소로 인식된다.

기존의 기업의 사회적 책임 개념이 단순히 사회공헌활동을 의미하는 것이 아니라 사회적 책임경영, 환경경영, 그리고 투명한 거버넌스를 함께 추구하는 지속가능경영, 즉 ESG 경영의 개념으로 자리잡아가고 있음을 의미한다.

ESG는 환경(Environment)·사회(Social)·거버넌스(Governance)를 지칭하는 것으로 UN PRI(UN 책임투자원칙)에서 투자의사 결정시 고려하도록 하는 핵심요소이다. 기업이 투명한 거버넌스를 확립하고 기업의 건전성을 높이면 환경과 사회측면의 다양한 요소들이 기업에 긍정적인 영향을 미칠 수 있다. 이를 통해 기업이 장기적으로 지속가능한 성장을 이루도록 하는 것이 지속가능 경영이다.

이처럼 ESG를 활동이나 기업가치에 영향을 주는 요소로 판단하거나, 경영 개념으로 파악하거나, 투자의사 결정 시 반영하는 요소로 판단하는 등 연구자에 따라 다양한 정의가 이루어지고 있다. 공통적으로 포함되는 내용은, ESG는 투자기관들에게 비재무적 성과를 요구하고 지속가능성을 확보하기 위한 노력을 계속함으로써 투자 활동 및 기업 활동에 있어서도 환경적 가치 및 사회적 가치를 고려해야 한다는 부분이다. 투자 활동이나 기업 활동을 친환경적으로, 사회에 긍정적인 영향을 미치면서, 올바른 거버넌스를 가지고 해야 한다는 뜻이다.

한편 ESG를 리스크 관리를 위한 전략으로 이해하고 있는 경우도 많은데, ESG 요소나 점수를 투자의사 결정 단계에서 검토하는 기업 정보의 일부분으로 인식하고, 이를 통해 투자 리스크를 줄이기 위한 방법으로 사용한다. ESG는 기업가치 향상을 만들어내기 위해 추구해야 하는 요소들을 판단하기 위한 기준으로서 기업의 어떤 행위나 요소가 환경이나 사회에 이로운가 혹은 피해를 끼치지 않는가, 기업의 의사결정은 합리적인 거버넌스를 기반으로 이루어졌는가 등을 평가하는 수단을 갖추고 있다. 이를 관리하고 향상시키는 것은 기업 역량이고, 이러한 역량이 ESG라는 평가 체계를 거쳐 투자자들에게 투자 의사결정을 위한 데이터로서 제공되곤 한다.

ESG 리스크라는 용어는 넓은 범위의 환경적, 사회적, 거버넌스 리스크를 함축하고 있으며 이는 투자자들의 목적, 수탁자 의무나 투자 정책에 관련되어 있다. 이러한 리스크들은 ESG 통합을 위한 논의에서도 다루어졌고, 투자자들이 ESG 요소를 포트폴리오 구성의 일부로 고려할 때의 효과를 측정하는 분석 도구를 제공하였다. 이러한 방식으로 ESG 리스크는 투자자들이 도덕적인 선택과 운영성과를 함께 판단하기 위한 ESG 방법론을 도입하는데 중요한 동기부여를 하였다.

즉 ESG는 구체적으로 평가 가능한 요소를 가지고 있으며 기업이 당면한 환경(E), 사회(S), 거버넌스(G) 이슈를 고려하여 각 ESG 이슈들을 개별적으로 평가하거나, 총합적으로 점수를 매기거나, 산업 분야 내 경쟁자와의 관계에서 어느 정도 우위를 차지하는지를 평가하는 데 사용된다. 이러한 평가를 위한 프레임워크는 1990년대부터 만들어졌으며 많은 컨설팅 회사들에서 이러한 평가 결과와 컨설팅 결과를 제공한다.

ESG를 투자 전략이라고만 보기보다는 기업 가치를 평가하기 위한 리스크관리 측면에서 접근하여야 한다. ESG는 어떤 기업의 투자의 지속가능성과 사회적 영향을 측정한다. 이 기준은 기업의 미래의 재무성과를 더 낫게 결정하도록 돕는다. 책임투자가 어떤 투자매니저가 목적으로 하는 특정 타입의 투자인 것과 반대로 ESG 요소는 실체적인 위험과 성장기회를 특정하는 어떤 분석 내에서 비재무적 요소를 적용하고자 하는 평가과정의 일부이다. 또한 책임투자가 투자에 동반되는 측정가능하고 긍정적이고, 환경적 사회적 효과를 추가하는 것과 달리, ESG는 결론을 위한 수단으로써, 자산 가치에 실체적인 영향을 줄지도 모르는 비재무적 위험을 특정하는데 쓰인다.

투자 분야에서 ESG를 받아들이자 기업들도 이에 반응하여 ESG를 경영 전략의 일환으로 도입하였고, ESG 경영을 천명하고 나선 기업도 많다. 한국전력공사는 ESG 경영을 추진하기 위해 지속가능 경영 실행조직을 두고 2020년에는 이사회 산하에 ESG 위원회를 신설하였다. 나아가 ESG 경영 강령을 만들어 '사회적 책임을 준수하여 국가와 사회, 그리고 전 인류의 지속 가능한 발전에 기여하고 모든 이해관계자를 중시하는 경제, 환경, 사회, 인간측면의 지속가능경영을 실천'하겠다고 선언하였다. SK이노베이션도 ESG 경영을 기반으로, 그린 비즈니스를 중심으로 하여 세상의 원동력을 만들어나가는 Green Energy & Materials Company로 도약하겠다고 선언하고 있다.

한편 윤리적 측면에서 ESG는 지구환경과 사회에 실천적으로 긍정적인 영향을 미치기 위한 패러다임으로 기능한다. 가치 분배와 측정에 있어 기존의 합리적인 인간상에 기초한 시장경제 체제에서 현금흐름을 중시한 것과는 달리, 기업 활동 과정에서 만들어내는 가치 중에는 환경적 가치와 사회적 가치도 포함되어야 한다는 윤리적 기준으로 작동한다. 현대사회에서 기업은 단순한 경제 조직이 아니고 사회 조직으로서 환경적, 사회적 영향력을 가지고 있기 때문이다. 따라서 기업은 자신의 영향력을 윤리적으로 활용할 수 있음에도 이를 외면하고 현금 창출을 위한 수단으로만 활용하기보다는 환경과 사회를 고려한 선택을 하라는 사회의 권유가 ESG라고 표현되었다고 볼 수 있다.

아울러 투자자들뿐만 아니라 소비자들 또한, 기업이 자신의 자본력과 영향력을 선하게 사용할 수 있고, 소비자는 구매력 행사를 통해 이를 촉구할 수 있다는 사실을 알고 있어서 의식 있는 소비자들은 윤리적인 소비에 적극적으로 앞장선다. 가치 소비나 불매 운동 등의 형태로 기업이 이윤 창출만이 아니라 사회에 기여하는 가치 창출을 겸하도록 감시하는 행동이 그 사례이다. 이때 소비자들은 합리적 소비자가 아니라 윤리적 소비자로서 활동한다. 이들이 주장하는 윤리적 신념은 기업의 성장과 주주가치 창출에 영향을 미칠 수 있다. 여기서 윤리는 개인의 윤리적 사고 또는 사회적으로 합의된 '무엇이 옳은지'에 대한 합의된 기준에 따른 결과물로서 사회마다 조금씩 편차를 보일 수 있으며 개인별로도 편차를 가진다.

이러한 투자자들과 소비자들의 요구로 인하여 기업은 ESG를 단순히 기업의 투자 촉진을 위한 수단이나 기업의 홍보용 전략을 넘어 기업 가치에 통합해야 하는 가치로 다루어야 한다. 기업은 ESG 성과를 만들어내고 투자자들에게 제공되는 ESG 지표를 달성하려는 노력을 하여야 한다. 이를 위해 기업이 가지고 있는 자본과 영향력을 활용하는데, 기업의 영향력이 직접 미치는 내부와 공급망, 소비자들을 통해 성과를 만들어 낼 수 있다. 이러한 성과는 종종 지속가능성 보고서의 형태로 발간되는데, 지속가능성을 위한 노력들이 실질적인 ESG 성과를 위한 노력과 다르지 않기 때문이다. 달리 말하자면 ESG는 지속가능성을 보다 실용적인 차원에서 범주화한 용어이고, 이러한 ESG는 미래를 위한 새로운 전략이다.

ESG는 친환경과 동의어가 아니고 사회공헌과도 동의어도 아니며 양자를 모두 포함하는 개념이다. ESG는 비재무적 성과를 위한 새로운 전략으로서 기업이 가진 자원을 어떻게 배분하고 어떤 이해관계자와 어떻게 협력할지를 결정하는 전략이다.

ESG는 지속가능성을 보다 포괄적으로 범주화한 개념으로 볼 수 있는데, 지속가능성이 환경에 대한 배려와 포용적인 사회를 만들려는 노력을 창출하기 위한 개념이라면, ESG는 그를 넘어 기업의 태도 자체의 변화와 이를 촉진하기 위해 시민사회에 대한 기업 정보의 공개까지 요구한다. 지속가능성이 추구되어야 할 추상적인 목표들을 제시한다면 ESG는 거버넌스, 즉 의사결정 구조의 개편을 필요로 한다. 즉 의사결정 구조 자체에 ESG를 고려하는 태도와 지속가능성이 필수적이라는 사회적 합의가 기본 전제가 되어야 하는데, 이를 위해서는 의식구조 또는 문화 자체의 변화가 필수적이다.

ESG는 최초에 투자 분야에서 제시된 용어였지만 도입의 목적은 환경적이고 사회적으로 긍정적인 영향력을 만들어내고자 하는 것이었다. 여기에는 기업 가치 향상에 대한 고려뿐만 아니라 윤리적인 동기가 공존하였고, 이것이 기존의 전통적 투자방법론과 ESG가 갈라지는 지점이다.

ESG가 기존의 경영 전략이나 기업의 사회적 책임과 다른 점은 윤리적 행동을 기업의 장기적인 이익을 위한 행동으로 통합하기를 요구한다는 것이다. 기업의 목표는 이윤창출이라거나 기업은 자선이나 사회공헌 수준의 사회적 책임을 가진다는 기존 시각과 달리 ESG는 이윤을 추구하는 존재로서의 기업이 환경과 사회에 대하여 윤리적인 방식으로 이윤을 추구하고 이를 기업이 작동하는 시스템에 통합하자고 이야기한다.

전 산업분야의 기업들이 사회적인 목적을 그들의 경쟁 전략으로 통합하는 방향으로 나아가고 있다. 하지만 이미 우리가 짚었듯이 투자자 집단은 뒤처져 있다. 다른 상업적인 노력들과 마찬가지로 투자는 사회적인 목적을 전략에 통합할 기회를 가져온다. 우리는 투자자들의 가장 심오한 목적은 이익을 내면서도 사회의 가장 중요한 필요를 충족하는 기업이 쓸 수 있도록 자본을 배정하는 것이라고 믿는다. 실물 경제에 대한 효과적인 투자 없이는 사회는 번영할 수 없다. 우리는 오늘날 사회는 애쓰는 반면 투자자들은 돈을 버는 세상에 살고 있다. 이 비연결은 자본시장의 정당성에 대한 위협일 뿐만 아니라 자본주의의 미래에 대해서도 위협이 된다.

ESG는 단순히 기업이 좋은 일을 하는 것을 넘어서 그들의 경쟁전략 안에 책임 있는 태도를 포함하는 것을 말한다. 단순히 이윤만 내는 기업은 살아남지 못하고, 사회적인 목적만 고려하는 조직은 기업이 아니다. 기업이 사회의 중요한 조직으로서 그 윤리적인 정당성을 인정받기 위해서는 옳은 이윤을 옳은 방식으로 추구하는 것이 필요하다.

한편 ESG에 대한 반작용으로 ESG하지 않은 종목만 골라서 만든 투자 상품이 등장하기도 했다. 이런 상품은 ESG가 그간 제외하던 종목들인 카지노, 주류, 마약 산업 등으로만 구성되어 있다. BAD는 이 같은 역발상을 통해 ESG 투자가 금기시하는 카지노, 주류, 의료용 대마 관련 산업을 각각 3분의 1 비중으로 맞춘다. 이들 산업이 실생활에선 익숙하게 받아들여지고 있다는 이유에서다. EQM BAD 인덱스를 개발한 투자회사 BAD 인베스트먼트의 토미 맨쿠소 사장은 현지 인터뷰에서 "우리는 무엇이 좋은 투자인지 결정하는 데 있어 사회적 낙인이 일차적 요인이 돼야 한다고 생각하지 않는다"고 밝혔다.

ESG는 유사한 다른 용어들과 혼용되어 쓰이고 대표적으로 기업의 사회적 책임(Corperate Social Responsibility)의 경우가 그러한데, ESG가 기업의 사회적 책임을 포함하는 것은 맞지만 기업의 사회적 책임에만 한정되는 것은 아니다. ESG는 기업에게 보다 적극적으로 환경, 사회, 기업 거버넌스를 고려한 기업활동을 하게끔 만드는 재무 투자자들의 투자결정을 위한 고려사항으로 시작하였다. 그러나 기업의 사회적 책임은 사회를 구성하는 조직 중 많은 자본과 영향력을 지닌 구성원으로서의 기업이 그에 합당한 책임을 다하여야 한다는 뜻으로 윤리적인 측면을 더 강조한다. ESG는 기업의 사회적 책임과 종종 비슷한 의미로 혼용되나 윤리적인 측면을 기업 활동에 반영한다는 측면이 있지만 상호 바꿔쓸 수 있는 단어가 아니다. 기업은 ESG 실천 여부에 대하여 측정 항목들을 가지고 평가를 받지만 사회적 책임은 그렇지는 않으며 대개 기업의 대외적인 평판과 연관된다. 달리 말하자면 ESG는 강제성을 띨 수도 있지만 기업의 사회적 책임은 기업 자체의 판단과 자율에 맡겨진 측면이 더 크다.

기업의 사회적 책임은 회사들이 그들의 운영이나 활동에 있어서 핵심적인 이해관계자들을 고려하여야 한다는 판단으로 추가적으로 도입된 경영 개념이다. ESG는 보다 전통적인 재무적 수단과 더불어 회사의 ESG 실천을 평가한다. ESG는 기업의 사회적 책임보다 구체적인 용어로 기업활동과 경제적 성장에 있어 기회를 포착하고 위험을 관리하는 데 활용되고, 이를 통해 주주를 비롯한 이해관계자들에게 장기적인 가치를 창출하도록 돕는 기준이 된다. 그러나 사회적 책임은 대개 사회적으로 기여하거나 도움이 될 수 있는 일을 하는 것을 말하며 특정한 범주나 수탁자 의무 등이 강조되지 않는다.

한편 기업의 사회적 책임과 ESG를 연결시켜 이해하려는 시도도 있었다.

실무에서 CSR 노력을 확인하기 위한 주요지표로 ESG 성과가 사용된다. ESG는 기업의 비재무적 요소인 환경(environment), 사회(social), 거버넌스(governance)를 지칭하는 약어이다. ESG 활동은 기업이 환경과 사회에 초래할 수 있는 불이익을 최소화하고 거버넌스의 효용성을 극대화함으로써 기업의 지속가능성과 장기적 가치에 큰 영향을 주는 요소로 인식된다.

한편 재무투자 측면에서의 ESG와도 종종 혼동되어 쓰이는 유사한 개념으로는 사회 책임 투자, 윤리적인 투자나 임팩트 투자라는 개념이 있다. 이러한 개념들은 엄밀히 정의되었다기보다는 지속적으로 새로운 용어들이 제시되고 상호 영향을 주고받으며 발전하고 있다. 비재무적 성과를 촉진하기 위해 투자 분야에서 활용하는 개념적 용어들의 다양성은 재무투자를 통한 환경적, 사회적 가치를 창출하는데 혼란을 일으키기도 하지만 그를 통해 재무분야에서의 비재무적 성과의 중요성을 강조하며 지적인 다양성을 만들어내는데 일조하기도 한다.

사회적으로 책임 있는 투자란 더 나은 리스크 관리와 지속가능하고 장기적인 성과를 이루어 내기 위해 기업의 ESG 요소를 투자 결정에 반영하려는 목적이 있는 투자에 대한 접근법이다. 기업의 사회적 책임과 사회적 책임 투자는 서로 영향을 주고받으면서, 공동체에 기여하고 사회에 긍정적인 영향을 주자는 공통된 목표를 갖고 있다. 사회적 책임을 의식하는 투자자들은 기업이 실천하는 사회적 책임을 투자의 지표로 고려하며 사회적으로 의식 있는 기업에게 투자하고자 한다.

책임투자(Responsible Investment, 이하 RI)란, 투자 의사 결정 시 기업의 재무적인 요소뿐만 아니라 비재무적 요소 즉 환경(environmental, E), 사회(social, S), 거버넌스(governance, G) 등을 함께 고려하여 보다 장기적이고 능동적인 관점에서 투자하는 것을 일컫는다. 환경적 요소는 기후 변화 대응이나 친환경 상품 생산, 사회적 요소는 노동자의 인권, 다양성이 잘 지켜지고 있는지 혹은 지역사회공헌을 충실히 하고 있는지 등을 평가한다. 거버넌스 요소로는 이사회 구조와 책임성, 기업 정보공개의 투명성 등을 판단한다. 이들 요소를 통칭하는 줄임말로 ESG가 보편적으로 사용된다. ESG 요소가 장기적으로 기업의 가치와 지속가능성(sustainability)에 영향을 미칠 수 있는 요인으로 알려지면서 '지속가능한 책임 투자(Sustainable Responsible Investment, SRI)'라고 불리기도 한다.

투자전략이 재무적인 결과뿐만 아니라 사회적이고 환경적인 요소까지 고려한다는 점에서, SRI의 시작은 18세기 미국으로까지 거슬러올라갈 수 있다. 오늘날 SRI와 ESG 투자는 모두 재무적인 결과와 사회적인 결과를 같은 선상에 놓고 생각하는 지속가능한 투자로 생각되는데, ESG 투자가 E와 S와 G의 넓은 범위를 포함하는 반면 SRI는 사회적인 영향에 보다 초점을 둔다. 중국의 SRI는 2008년 AEGON-industrial social resopnsibility hybrid securites 투자펀드와 함께 시작되었다. 최초의 사회적 책임 펀드를 따라 기업의 사회적 책임을 위한 중국연합과 상하이 교통대학의 중국기업개발아카데미는 2009년에 최초의 SRI인덱스를 발표했다. 이는 중국 내 CSR공시와 측정에 대한 요구의 공식적인 시작이었다. 중국의 권위자들은 또한 CSR공시와 정보공개에 대해 후속하는 정책과 가이드들을 소개했다. 사회적 책임투자의 성장에 따라 중국의 평가회사들은 다양한 CSR평가 시스템을 개발하였다.

　사회적 책임투자는 기관 투자자들 사이에서 일반적인 고려사항이 되었고, 사회의 가치 체계를 반영한다고 여겨진다. 많은 기관 투자자들이 수탁 의무를 사회적 책임 투자와 병행하려고 노력한다. 어떤 사회적 투자자들은 잠재적인 투자 대상자를 기업이 사회에 미치는 긍정적인 영향력에 기반해 검토한다. 이런 투자자들은 리스크를 감당할 수 있는 적절한 수준의 투자 성과를 내는 동시에 투자를 통해 공동체와 사회에 긍정적인 영향을 주기를 원한다. 사회에 초점을 두는 투자자들은 종종 신념에 기반한 기관이나 개인이며, 자본 활용을 통한 사회적 영향력의 증대를 투자 이익보다 중요시한다.

　지속가능한 투자란 ESG 요소를 투자에 고려하거나 저탄소나 대체에너지 등과 같은 지속가능성을 확보하는데 도움이 되는 주식이나 기업에 투자하는 투자방법으로, 종종 임팩트 투자, 윤리적 투자 등과 혼용해서 쓰이고는 한다. 지속가능한 투자라는 용어는 구체적 개념에 일부 지역적 차이나 변화가 있음에도 책임투자, 사회적 책임투자 등과 상호 바꿔 쓰이곤 한다. 유럽이나 오스트레일리아 등 대부분의 지역에서 동일한 투자 상품이나 전략이 부정요소 배제심사, 긍정요소 포함 심사, ESG 통합 및 기업 관여와 같은 몇몇 지속가능한 투자 전략과 결합될 수 있다는 것은 고무적이다.

지속가능한 투자의 성장은 환경과 거버넌스요소를 동반한 평가시스템에 대한 요구를 만들어냈다. 동시에 포괄적인 ESG 평가 시스템에 대한 연구를 통해 ESG 평가시스템이 CG평가 시스템을 대체하는 국제적인 트렌드와 함께 중국에서도 2010년대 후반 ESG 개혁이 시작되었다. 이는 CSR 평가에서 ESG 평가로의 시스템개발의 변화를 이끌었다.

임팩트 투자란 재무적인 성과와 더불어 긍정적이고 측정 가능한, 사회적이고 친환경적인 영향을 만들어 내려는 의도가 있는 투자이다. 긍정적이고, 사회적이며, 환경적인 영향력을 성취하기 위한 투자이기 때문에 이러한 영향력에 대한 측정과 보고, 투자자의 의도, 숨겨진 자산과 투자받는 사람이 누구인지와 투자자의 성과를 입증하기를 요구하기도 한다. 유사한 의미로 쓰이는 커뮤니티 투자는 전통적으로 자본으로부터 소외된 개인이나 지역사회에 특별히 사용되거나 명확한 사회적, 환경적 목적을 지닌 기업에 자금을 조달한다. 일부 커뮤니티 투자는 임팩트 투자이기도 하지만 커뮤니티 투자는 보통 범위가 더 넓으며 다른 형태의 투자나 대부도 고려한다.

윤리적 투자는 윤리적이거나 도덕적인 원칙에 기반하여 투자를 선택하는 것과 관련이 있다. 이러한 투자자들은 도박, 알코올, 무기 등과 관련된 나쁜 주식을 피하고자 하는데, 이것들은 ESG 제외 전략을 통해 걸러질 수 있는 것들이다.

지속가능한 투자가 좀 더 포괄적인 개념이라면 임팩트 투자는 투자를 통해 만들어내는 사회적, 환경적으로 긍정적인 효과에 초점을 두고 있고, 윤리적 투자는 투자에 있어 윤리적인 원칙을 가지고 비윤리적인 투자행위를 배제하는 데 초점을 두고 있다.

ESG에 대한 정의는 지속적으로 변화, 발전하고 있고, 이러한 발전가능성은 ESG라는 개념의 활용에 있어서의 유용성과 유연함을 강조해주는 수단이기도 하다. ESG는 기업의 비재무적 성과를 나타내고 측정하기 위한 개념적 프레임워크일 뿐만 아니라, 기업의 전략을 나타내는데 쓰이기도 하고, 나아가 어떤 윤리적 태도를 일컫기도 한다. 이러한 변화는 향후에도 어떤 합의점을 만들어 낼 때까지 지속될 것으로 보인다.

3. 지속가능한 환경(E)

지구 환경은 지구에 살고 있는 모든 사람이 공유하고 있는 자원이며 누구나 자연 환경으로부터 자신의 필요를 충족할 수 있어야 하고 다른 사람의 필요를 침범해서는 안 된다. 지구 환경을 구성하는 토양, 물, 공기는 현재 세대의 인류뿐만 아니라 미래 세대가 공유하는 자원으로 그 양에 한계가 있고 오염될 경우 그 피해는 사람을 포함해 지구에 있는 모든 생명체가 함께 부담하게 된다. 따라서 환경은 인간의 필요를 충족하는데 활용되어야 하나 그 과정에서 환경에 가해진 오염, 폐기물 등의 영향력, 소모된 만큼의 자원은 충분히 정화되고 보충되어 원래 상태를 유지하여야 한다.

이는 윤리적인 행동이기도 한데, 존 스튜어트 밀이 주장하였듯이 인간은 사회와 다른 사람의 자유를 해치지 않는 범위 안에서만 그의 자유를 추구하여야 한다. 자연환경을 대가없이 무한하게 주어지는 공유된 자원이라기보다는 미래세대에 귀속되는 자원으로 본다면, 자연 자원을 현재의 최소한의 필요를 충족하도록 사용하고, 소모한 만큼의 자연자원을 그 이전 상태로 돌려놓는 것, 그리고 만약 오염 등의 부산물이 만들어졌다면 그를 원래 상태로 정화해두는 것이 윤리적인 행동이다. 즉, 친환경은 선의가 아닌 미래세대를 포함한 타인의 권리를 침해하지 않는, 윤리에 입각한 행동이 된다.

1987년의 브룬트란트 보고서는 'Future Generations'라는 단어를 23번이나 언급하면서 미래세대의 몫을 남겨두는 것이 중요하다고 강조한다. 나아가 기본적인 의무의 이행은 대부분이 가난한 저성장국에 새로운 경제적 성장뿐만 아니라, 성장을 지속할 수 있는 그들의 몫의 자원을 확보하게 하는 것을 포함한다고 언급하며 타인의 필요의 개념을 확장한다.

환경 이슈 중에서 대표적인 것은 탄소배출로 대표되는 기후변화,

물 부족 및 오염, 지속가능한 에너지 생산, 미세플라스틱으로 대표되는 폐기물 문제가 있다. 탄소배출은 현재 가장 시급하고 국제적 협력을 통한 대응이 필요하다고 여겨지는 분야이다.

탄소는 대기 중에서는 이산화탄소로서 기체의 형태로 존재하고, 바닷물에 녹아 있거나, 땅 속에 광물로 저장되어 있거나 식물체에 흡수되어 유기물을 만들거나, 인체에서 에너지원으로 쓰인다. 탄소는 공기 중, 바다 속, 땅 속, 식물체, 인체를 순환한다. 인체가 호흡을 할 때 산소를 마시고 이산화탄소를 내뱉으며, 식물은 다시 공기 중의 이산화탄소를 흡수하여 유기물을 만든다. 유기물은 땅 속에 저장되고, 광물이 되기도 하며, 바닷물에 녹아든다.

대기 중 이산화탄소는 온실효과를 통해 지구의 기온이 일정하게 유지되도록 도움을 주는 기체이다. 그런데 대기 중 이산화탄소 농도가 지나치게 높아지면서 지구의 온도가 점점 올라가 지구온난화가 진행되었다.

대기 중의 탄소는 이산화탄소로서 오랫동안 일정 농도를 유지하고 있었지만, 화석연료를 사용하기 시작하면서 땅 속에 광물로 묻혀 있던 고농도의 이산화탄소가 대기 중으로 방출되기 시작하였다. 동시에 도시가 발전하고 인구가 늘어나면서 이산화탄소를 흡수하고 탄소 순환에 중요한 역할을 하는 숲이 점점 줄어들면서 대기 중의 이산화탄소 농도는 점점 높아지기 시작하였다. 지구의 허파라고 불리는 아마존 우림의 훼손이 전 지구적인 이슈인 것은, 아마존 숲이 흡수하는 탄소량이 많아 지구 온난화를 늦춰주었기 때문이다. 그러나 최근에는 벌채로 인해 아마존 우림의 면적이 줄어들면서 이산화탄소를 흡수하는 기능이 줄어들었고, 어떤 경우에는 배출량이 더 많아지기도 했다.

지구온난화는 지구 전체에 기후변화를 가져왔고, 기존에는 관찰되지 않았던 이상 기후를 만들어냈다. 여름은 지나치게 더워졌고 겨울은 춥지 않게 되었으며, 봄과 가을은 짧아졌다. 생물들의 서식지도 변화하였는데, 이전에는 동남아에서나 키우던 망고를 제주도에서 키울 수 있게 되었고 대구에서 유명했던 사과는 더 위도가 높은 지방에서 농사가 잘 되며, 고랭지배추는 기존의 구릉보다 더 높은 고도에서야 키울 수 있게 되었다. 동해에서 한류성 어종인 명태의 어획량이 줄고, 오히려 난류성 어종인 고등어가 더 많이 잡힌다.

기후변화는 자연재해의 형태로 일어나기도 한다. 해수의 기온이 올라가 태풍의 발생빈도와 강도가 높아지고, 예상치 못한 쓰나미가 발생하기도 하며, 지나치게 비가 많이 오거나 가물기도 한다. 여름에는 폭염과 열대야가 찾아오고, 겨울이 지나치게 추워지기도 한다. 북극의 빙하는 점점 녹고 있는데 시베리아의 영구 동토층도 같이 녹아 농사를 지을 수도 있게 되었지만, 사하라사막의 면적이 점점 더 확대되기도 한다.

기후변화는 지구의 자연만이 아니라 사람들에게도 영향을 미친다. 기후변화가 만들어낸 자연재해는 더 영향력이 커지고 있다. 태풍이나 홍수, 산불과 같은 자연재해는 사람들이 살 집을 부수고, 길러 온 작물을 망가뜨리며, 부상자나 실종자를 만들어 사망하는 사람까지 나온다. 피해를 입은 사람들은 삶의 터전을 잃고 경제적으로도 궁핍해지며, 더 나은 삶을 추구할 기회를 잃는다. 물난리를 겪은 수재민들은 집과 집안의 물건들이 물에 젖어 못 쓰게 되고, 홍수에 휩쓸려 다치거나 실종되거나 사망하기도 한다. 다치지 않고 무사히 빠져나왔다고 해도 물이 빠지고 망가진 집을 고치는 동안 임시대피소에서 지내야 하고, 그동안 돈을 벌거나 학교에 갈 기회를 잃어버리고, 충격적인 사건 이후 고통받기도 한다.

저소득국가일수록 자연재해로 인한 피해는 크고 그를 복구하려는 노력은 더디다. 피해를 입고 복구하지 못하는 상태가 지속되면 취약한 환경에서 거주하는 사람들은 식량문제에 시달리거나, 영양이 부족해 병에 걸릴 위험이 커진다. 또 손 씻기 같은 개인 위생을 지키기 어렵거나 집단생활에서 감염이 번지기 쉬운 환경이 되면 감염병에도 취약해진다.

뜨거워진 지구는 빙하를 녹이고 해수면을 상승시킨다. 저지대의 땅들은 점점 물에 가라앉고 있다. 태평양의 투발루는 해발고도 1~3m의 저지대에 위치해 있으며, 전 국토가 여의도 면적의 9배 밖에 되지 않는 작은 나라이다. 이 나라는 해수면 상승으로 인해 100년 이내에 물에 잠겨 사라질 예정이다. 태평양의 투발루에 사는 사람들이 지구온난화를 주도하지 않았지만, 기후변화로 인한 피해를 가장 크게, 직접적으로 입게 된다. 투발루에 사는 사람들은 곧 영구히 다른 곳으로 이주해야 하며, 오랫동안 살았던 터전을 잃어버리게 된다.

〈투발루 사진 : 자료 출처 해양수산부〉

〈투발루 수도 푸나푸티 해안에서 물속에 들어가 기후위기 대응 촉구 연설을 하는 사이먼 코페 투발루 외무장관 : 사진출처 연합뉴스 보도화면〉

탄소배출로 인한 기후변화는 우리의 삶에 영향을 미치는 중요한 문제이다. 지구온난화로 인해 기후가 바뀌면서 빙하가 녹고 북극곰이 굶는 것보다도 더 직접적인 영향을 미치고 있다. 지구온난화는 오래전부터 지적돼 왔고, 현재도 많이 진행된 문제로서 탄소 등 온실가스 절감이 그 해법으로 논의된다.

산업화 이후 온난화는 전 지구적으로 명백하게 진행돼 왔다. 20세기 후반 관측된 많은 기후변화들은 수백 년간에 전례가 없는 현상으로 지난 138년(1880~2017) 동안 전 지구 평균기온이 가장 높았던 10년 중 9년이 2000년 이후에 발생하였다. 우리나라에서는 1973년 이후, 2016년이 가장 기온이 높은 해였고, 2015년이 세 번째로, 2017년은 일곱 번째로 높은 연도로(45개 관측소 평균) 최근의 온난화 경향은 뚜렷하다. 인간 활동에 의해 온실가스 농도가 증가하여 발생하는 기후변화에 따라 폭염, 호우, 폭설 등의 발생빈도가 증가하고(IPCC, 2007), 이는 자연재해 발생 증가로 직결된다. 우리나라는 자연재해로 인하여 최근 10년(2007~2016)동안 162명의 인명피해와 더불어 약 6조 3천억 원의 재산피해가 발생하였다.

우리나라에서도 장기적인 기온상승 경향은 겨울과 봄이 가장 뚜렷하여 최근 10년 동안 우리나라의 기온상승은 겨울 이외의 계절이 주도하였지만, 지난 106년 동안 계절별 기온 상승폭은 겨울, 봄, 가을, 여름 순으로 높았다.

지난 106년 동안 우리나라의 계절 시작일은 봄은 13일, 여름은 10일 빨라지고, 가을과 겨울은 각각 9일, 5일이 늦어졌다. 계절 지속일은 여름은 98일에서 117일로 19일 길어졌고, 겨울은 109일에서 91일로 18일 짧아졌으며 봄과 가을은 큰 변화가 없었다.

지구온난화로 인한 직접적인 피해사례 중의 하나로 '과수화상병'을 들 수 있다. 과수 산업에서 지난 수년간 가장 큰 이슈는 과수화상병이었다. 과수의 흑사병이라 불리는 이 병해는 한번 발생하면 나무 전체가 고사할 정도로 치명적이다. 그리고 비나 바람, 곤충과 사람에 의해 퍼지는데, 특히 비가 오거나 습도가 높으면 확산이 잘 되어 기상 상황이 피해 규모에 큰 영향을 미친다. 2015년 안성, 천안과 제천에서 처음 과수화상병이 확인된 이후로 최근에는 충북 북부지역을 중심으로 빠른 확산세가 나타나고 있다. 2015년에는 피해 규모(충북도 기준)가 43농가(42.9ha) 정도였던 것에 비해, 2020년에는 506농가(281ha)가 과수화상병으로 큰 피해를 입었다. 2020년은 과수화상병 뿐만 아니라 여러 병충해가 급증했던 한해였다. 겨울에는 평년보다 1~2도가량 높은 이상고온 현상이 나타났고, 여름에는 중부지방의 장마가 관측 이래(1973년) 가장 긴 54일을 기록하면서 병충해가 커질 수 있는 고온다습한 조건이 형성됐다. 그로 인해 병충해가 빠르게 확산돼 농민들에게 매우 힘든 한해였다. 이처럼 새로운 병충해가 나타나고, 그 피해가 심각해지는 이유는 기후변화에서 찾을 수 있다. 한반도의 온난화가 가속화되면서 병충해가 발생하기 좋은 환경이 형성되기 때문이다.

보다 직접적인 사례로, 지구온난화로 여름이 길어지면서 냉방수요가 점점 더 증가하였다. 우리나라 연도별 최대전력수요의 변화를 보면, 1996이래 매년 증가하고 있음을 알 수 있다. 1996년 최대전력 수요는 3,228만kW이었는데 매년 증가하는 경향을 보인다. 2015년 이후 일부 전년 대비 감소하는 해가 있기도 했지만 2020년의 최대전력 수요는 8,909만kW로 1996년 대비 276% 증가하였다.

전력 수요의 증가에 따라 공급능력과 설비용량이 계속 증가하고 있으나, 매년 여름마다 전력 부족을 경고하는 상황이 반복되고 있다. 향후 여름이 더 더워지고 전력수요가 더 증가하게 된다면 매년 여름마다 돌아오는 전력부족 사태에 대한 경고는 점점 더 강해질 것이고, 이는 에너지 수요를 증가를 포함해 연쇄적인 효과들을 유발하게 된다. 실내 공간을 위한 냉방으로 인해 발생한 열을 도시의 외부공간에 발산하게 됨에 따라 도심 열섬현상이 심화되고, 적절한 냉방을 갖추지 못한 취약계층의 경우 폭염으로 인한 건강상의 위협을 겪게 되며, 야외에서 일하는 근로자들의 생산성이 감소하고 열사병 등 재해발생 가능성이 더욱 커지게 된다는 문제점이 나타난다.

연도	1996	1997	1998	1999	2000	2001	2002	2003	2004	2005
최대전력수요 (만kW)	3,228	3,585	3,300	3,729	4,101	4,313	4,577	4,739	5,126	5,463
전년대비 증감률(%)	8.0	11.1	-8.0	13.0	10.0	5.2	6.1	3.5	8.2	6.6
연도	2006	2007	2008	2009	2010	2011	2012	2013	2014	2015
최대전력수요 (만kW)	5,899	6,229	6,279	6,680	7,131	7,314	7,599	7,652	8,015	7,879
전년대비 증감률(%)	8.0	5.6	0.8	6.4	6.8	2.6	3.9	0.7	4.7	-1.7
연도	2016	2017	2018	2019	2020					
최대전력수요 (만kW)	8,518	8,513	9,248	9,031	8,909					
전년대비 증감률(%)	8.1	-0.1	8.6	-2.3	-1.4					

〈 연도별 최대전력수요 추이(e나라지표, https://www.index.go.kr, 2021. 12. 14.) 〉

이러한 기후 변화에 대응하기 위한 노력으로 2015년 파리 협정이 채택되었다. 파리협정은 파리에서 개최된 유엔 기후 변화 회의에서 채택된 국제적인 협약으로 지구 평균온도 상승폭을 2도씨 이하로 유지하고 나아가 온도 상승을 1.5도씨 이하로 제한하기 위해 함께 노력하자는 협약으로 온실가스 감축 목표의 설정과 그 달성을 주된 골자로 한다. 국제법적 효력을 가지고 있고 이 조약에 가입하거나 조인한 국가들은 자율적으로 온실가스 감축에 동참하며 구체적인 노력을 실천하고 있다.

이산화탄소의 과도한 방출은 화석연료의 사용으로 촉발되었다. 전 세계적으로 화석연료 사용을 줄이자는 운동이 이어지고 있다. 많은 기업들이 탄소중립, 탄소네거티브를 선언하였으며 많은 국가와 유엔과 같은 국제기구들에서 기후변화를 막기 이한 탄소정책을 실천하고 있다.

기업들은 화석연료가 아닌 대체 에너지원을 찾고, 제품 생산과 운송에 드는 에너지를 절감하여 화석연료의 사용을 줄이고자 한다. 공기 중의 이산화탄소를 포집하는 신기술을 개발하고, 생산과 폐기 과정에서 탄소배출이 적은 재료를 개발한다. 국가는 탄소배출을 줄이기 위한 정책을 개발하고 민간의 노력을 지원하며, 이산화탄소 배출 감소가 필요하다는 사실을 지속적으로 알린다.

개인적인 차원에서는 화석연료를 사용한 자동차 사용을 줄이고, 대중교통이나 자전거를 이용하며, 가까운 거리를 걸어 다니는 것은 탄소 배출을 줄이는 중요한 활동이다. 겨울에 집에서 옷을 따뜻하게 입어 난방에 드는 에너지를 아끼고 여름에 에어컨을 적게 틀어 냉방에 드는 에너지를 아끼는 것도 탄소배출을 감소시킨다. 탄소를 흡수하는 식물을 심거나 나무를 기르는 것도 도움이 된다. 물건을 적게 사고 오래 쓰면서 소각되는 과정에서 탄소를 배출하는 쓰레기를 적게 버리고, 밥을 남기지 않아 음식물 쓰레기를 줄이는 것도 중요하다.

공기 중에 과도하게 녹아 있는 탄소는 지구를 뜨겁게 만들고 그 피해는 모두에게 돌아간다. 그러나 저지대에 살거나 자연재해에 취약한 지역에 사는 사람들에게 먼저, 더 많이 피해가 돌아간다. 탄소배출로 인한 피해는 모두에게 평등하게 오지 않으며, 탄소배출을 줄이기 위한 노력은 박애적인 활동이기도 하다.

미세 플라스틱을 비롯한 폐기물 문제도 주요한 환경 이슈 중의 하나이다. 일례로서 태평양 한가운데, 서경 135~155도, 북위 35~42도 해역에는 '쓰레기 섬(Great Pacific Garbage Patch)'이 형성돼 있다. 20여 년 전부터 각국이 배출한 쓰레기가 모여 만들어낸 쓰레기더미로, 세계 각국에서 제대로 처리되지 않고 흘러나온 쓰레기들이 해류를 따라 움직이다가 모여서 만들어진 것이다. 일본과 미국 사의의 무풍지대에 만들어진 거대한 이 쓰레기 더미는 90% 이상이 플라스틱으로 구성되어 있다고 한다. 그러나 쓰레기의 대부분은 수면 아래에 떠 있어 관측이 어렵다. 여기에 모여 있는 쓰레기들은 서서히 풍화되어 미세 플라스틱으로 쪼개져 바다 속에서 떠돌게 되고 이는 작은 어류들의 먹이가 되어 어류의 몸속에 축적되었다가 먹이 사슬이 상위로 올라감에 따라 점점 더 상위 포식자의 체내에 쌓이게 된다. 결국 최종적으로는 인간에게로 돌아오게 된다.

〈쓰레기 섬 사진 : 출처 KBS 뉴스〉

　미세플라스틱은 점점 더 심각하게 대두되는 문제인데, 화장품 등 개인 관리 제품, 세척제나 세제류, 의약품 또는 의료기기, 농업 및 원예, 오일 및 가스, 건축 자재 및 건축 산업, 잉크 등 페인트 및 도료와 같은 1차 미세플라스틱과 타이어 마모 분진, 세탁 시 미세섬유, 생산·운송시 펠릿 유출, 농업용 멀칭 필름 풍화, 도로·건물·선박 도료 탈락 등 사용 중 마모에 의하거나 자연 중 방치되어 미세화된 2차 미세플라스틱으로 나눌 수 있다. 미세플라스틱은 해수를 비롯하여 토양, 담수의 생물종에서 검출되고 있어, 생태계 전반에서 미세플라스틱의 노출이 광범위하게 일어나는 것으로 추정된다. 인체 노출은 주로 섭취와 흡입으로 이뤄지는데, 식품의 경우 어패류, 새우, 소금, 맥주, 꿀, 설탕, 생수, 수돗물 등에서 미세플라스틱이 검출되고 인간의 대변에서도 미세플라스틱이 검출되면서 인체 소화기관에까지 미세

플라스틱 노출 영향에 대한 우려가 존재한다.

제로 웨이스트를 비롯한 일회용품 사용에 관한 문제도 적극적인 대응이 이루어지고 있다. 정부에서는 '자원의 절약과 재활용 촉진에 관한 법률'을 통해 일회용품의 사용을 억제한다. 일회용 봉투의 무상 제공 금지, 1회용 테이크아웃 컵에 대한 환경 부담금 부과 등의 정책을 추진하고, 이에 발맞추어 개인 텀블러를 사용할 경우 할인해주는 정책을 도입하거나 재사용가능한 컵을 사용하도록 하는 기업이 늘어나는 추세이다. 미국도 1회용품에 대한 사용금지나 과세를 추진하는 주들이 있는데 뉴저지의 시브라이트 시는 2020년 2022년 5월부터 모든 상점과 음식점에서 일회용 비닐봉투의 사용을 금지하는 법안을 입안하였다.

친환경을 기업의 차별화된 강점으로 만든 사례로는 스위스 브랜드인 프라이탁이 있다. 프라이탁은 버려진 트럭 방수포를 재활용하여 가방을 만드는 친환경적 업사이클링을 통해 제품을 생산하는 기업이다. 1993년부터 만들어지기 시작한 이 가방은 온라인을 비롯하여 전세계 30여개 매장에서 팔리고 있으며, 버려진 방수포를 재활용해 독특하고 의미 있는 제품을 만듦으로써 기업 가치를 창출한다. 이는 이러한 업사이클링 가방에 가치를 부여하고 그것을 기꺼이 구매한, 단순히 물건이 아닌 그것이 만들어지는 과정과 의미를 중요시한 소비자들이 있었기에 가능하다고 보인다.

한편 제로 웨이스트를 위한 시민사회의 자발적인 노력도 있다. 플라스틱 빨대 반납 운동, 스팸 뚜껑 반납 운동이 그 사례인데, 플라스틱 쓰레기를 줄이기 위한 소비자들의 적극적인 행보는 기업에 변화를 만들어 플라스틱 빨대가 미포함된 제품이 출시되고 플라스틱 스팸 뚜껑이 포장에서 제외되는 긍정적인 변화를 낳았다. 이는 환경 이슈를 적극적으로 생각하고 기업에 변화를 요구하는 소비자들의 적극적인 개입을 보여주는 사례로서, 친환경적 행보를 보이는 기업이 소비자들의 선택을 받을 뿐만 아니라, 기업도 보다 적극적으로 소비자 의견을 반영하는 추세가 있음을 알 수 있다.

투자자들은 환경 이슈를 고려한 ESG 투자 전략에서는 포트폴리오의 구성, 리스크 관리 등의 활동에 있어 환경적 요소를 검토한다. 이때 사용하는 기법으로는 환경에 신경 쓰지 않는 기업을 배제하는 네거티브 스크리닝, 환경에 신경 쓰는 기업에 투자하는 포지티브 스크리닝, 환경에 긍정적인 영향을 미치도록 하는 임팩트 투자, 기업의 경영에 환경적 요소를 반영할 것을 요구하는 기업과의 대화와 같은 기법이 활용된다.

환경과 관련이 있는 사업 분야는 대체에너지 활용, 수자원 보존, 탄소포집이나 배출량 감축, 자원 재활용과 같은 분야가 있고 이와 관련된 기업이나 프로젝트가 있다. 탄소배출에 관련하여 탄소를 많이 배출하는 기업을 투자에서 제외하는 배제 전략을 활용할 수 있고, 탄소배출 감축을 위해 노력하는 기업에 투자하는 포함 전략을 활용할 수도 있다. 수자원도 마찬가지인데, 물은 위생이나 급수를 비롯하여 농업이나 제조업에서도 필수적인 요소이다. 기업이 사용하는 물의 양이 얼마인지, 물 사용량을 감축하기 위해 어떤 운영 방식을 택하고 있는지를 검토한 후 투자 여부를 결정할 수 있는데, 이는 물 사용량 자체를 사업과 관련된 비용이나 평판 리스크 등을 유발할 수 있는 요소로 보는 시각에 기초해 있다. 혹은 물 사용량을 줄이는 기술을 개발한 기업이나 수질 정화 프로젝트 자체에 투자할 수도 있는데, 이는 물 사용에 관한 기술을 신시장 개척으로 보고, 이를 통해 장기적인 기업 가치를 향상할 수 있다는 생각에 기초한다.

청정 기술은 제품 생산이나 생산 과정에서의 기업의 활동으로 인한 영향력을 증가시키는 기술로 이해된다. 생산 공정 전반에 걸쳐 자원과 에너지의 사용을 감소하고 환경오염을 최소화하는 기술을 말한다. 청정기술은 다양한 응용기술로 구성되고 자연자원의 활용이나 대체에너지에 한정되지 않는다. 에너지 효율을 고려하는 투자자들이 활용하는 청정 기술을 그린 빌딩이라고 한다. 그린 빌딩이란 설계, 건설, 사용에 있어 기후나 자연환경에 대해 부정적인 영향을 줄이거나 제거하고 긍정적인 영향을 만들어내는 빌딩을 말한다. 청정기술이나 그린 빌딩과 같은 전략은 환경 오염에 초점을 두는 투자자들이 고려할 수 있는 대상 중 하나이다.

건설기업들은 이에 발맞추어, 친환경기술을 건설사업에 적용하는 점을 강조한다. H기업은 태양광패널 지지구조물 최적화 설계기술 개발과 같은 태양광발전 연구, 에너지·환경 분야 O&M비용 절감을 위한 시스템 감지기술 개발 및 검증과 같은 바이오가스 연구 등 재생에너지 분야 건설현장 발생 폐수처리시설 설계 및 운영 가이드라인 개발과 같은 수처리 분야 청정기술을 개발하고 있음을 알리고 있다.

한편 친환경적인 투자를 촉진하기 위하여, 재무 분야에서 친환경 사업을 통해 이익을 추구하는 수단으로는 녹색 채권 등의 수단이 존재한다. 녹색 채권은 채권의 발행에 있어 재무적인 이익뿐만 아니라 환경적인 편익 또한 약속하는 채권으로, 탄소배출이나 자연자원의 보호 등 특정한 목적을 가지고 있는 경우가 많다. 은행이나 기업이 발행하며 정부가 연관되어 있는 경우도 있다.

녹색채권은 2007년 처음으로 유럽 투자은행이 약 6억유로 규모의 '기후인식채권(Climate Awareness Bonds)'을 발행한 게 시작이다. 이후 2013년 한국수출입은행이 외화채권으로 녹색채권을 미화 5억 달러 규모로 최초 발행하였으며 2018년에는 산업은행이 국내발행 녹색채권을 3,000억원 규모로 최초 발행하였다.

2019년 녹색채권 발행규모는 2,577억 달러로 2018년 대비 51% 증가하였으며 최근 전 세계적으로 녹색채권의 발행이 확대되고 있다. 496개 발행기관이 1,788개의 녹색채권을 발행하였고 발행기관 중 금융 및 비금융기업이 채권 규모의 과반을 차지하였다. 채권 대상은 신재생에너지, 친환경건물, 하이브리드 및 전기 차량 관련 투자 등인데 국가별로는 미국의 발행규모가 가장 크고, 중국, 프랑스, 독일 순이며, 한국은 12위를 기록하였다. 2019년 국내 전체 녹색채권 발행규모는 약 13.7조원으로 2018년의 3배 규모인데, 그 중 국내기업의 원화 기반 녹색채권 발행규모는 2018년 9천억원에서 2019년 약 4조원으로 급격히 증가하였다. 또한 2019년 6월 우리나라 정부가 5억달러 규모의 녹색채권(국채)을 발행하였다.

4. 포용적인 사회(S)

사회적인 이슈들은 인류 사회가 당면한 여러 문제들을 포괄하며 크게 빈곤과 기아, 건강과 복지, 불평등, 교육의 기회, 프라이버시의 문제로 구분할 수 있다. 이러한 사회 문제는 각 국가와 사회가 처한 경제적, 문화적 상황에 따라 달라질 수 있고 그 시급함의 정도도 다양하다. 현대사회가 처한 가장 큰 문제 중의 하나는 양극화에 따른 문제들이다. 양극화는 사회 집단 간 갈등을 유발하고 빈곤이 더 극복되기 어렵게 만들며 교육과 같이 더 나은 삶을 추구할 기회가 불평등하게 분배되도록 한다. 그리고 이는 파생된 각각의 문제들이 더욱 해결되기 어렵게 만든다. 극심한 빈곤과 기아는 최소한의 인간다운 삶조차 영위하지 못하도록 상황을 나쁘게 만들 수 있다. 자유롭고 존엄한 존재로서의 인간은 최소한의 삶을 영위할 수 있어야 하고 이는 경쟁원리나 선착순의 논리와는 상관없는 부분이다. 교육 받을 기회의 불평등은 기초적인 문해력을 갖출 수 있는 기회, 학교에 갈 수 있는 환경의 여부, 주어진 선택지의 범위 등 여러 요소에 영향을 받는다. 교육의 기회는 개인에게 그의 삶을 더 낫게 만들고 나아가 자아를 실현할 수 있는 기회를 제공할 수 있다. 개인이 그의 의지에 상관없이 평생 아무런 기회도 갖지 못하는 삶을 살게 되는 것은 개인적인 비극일 뿐만 아니라 사회가 활용할 수 있는 인재풀이 줄어드는 결과를 초래하여 사회적으로도 손실을 유발한다. 빈곤과 기회의 불평등은 사람들이 서로를 이해하려고 하는 노력을 이행하기 어렵게 만들어 집단간의 몰이해와 갈등을 유발할 우려도 있다. 각각의 결과들이 양극화를 더욱 심하게 만들 수 있고, 이는 인류 사회에 포용과 자유로운 대화, 발전을 어렵게 한다.

평등

사람은 차별받기 싫어한다. 우리는 모든 인간은 동등하다고 알고 있고, 이에 따라 동등하게 대우받기를 바란다. 봉건적인 계급 사회가 무너지고 민주주의가 정착하면서 모든 인간이 동등하다는 것은 상식이 되었다. 피부색, 성별, 나이, 재산규모 등에 상관없이 모든 사람은 평등하게 대우받아야 하고, 남들과 같은 수준의 권리를 보장받기를 바란다. 대접받기 원하는 대로 다른 사람을 대하라는 말은 평범한 얘기가 되었다.

그러나 개인적인 관계에서와는 달리, 사회는 여러 복잡한 관계들이 다층적으로 얽혀있으며 무엇이 정말로 평등한 것인지 정의하기는 매우 어렵다. '상대적 평등'이라는 단어가 이 방증이다. 영화 타이타닉에서 배가 가라앉는 상황에서 어린이와 여자를 먼저 대피시키는 것은 평등한 행동인가? 대학입시에 있어 시골지역의 학생들만 지원할 수 있는 농어촌 전형은 평등한가? 줄서서 급식을 기다릴 때 다리가 아픈 친구가 먼저 밥을 먹게 해주는 것은 평등한가?

완전한 평등은 이상적인 상태로서, 사실 현실에서는 존재하기 어렵다. 현실적으로는 평등을 이루어내기 위해 모두가 노력하는 상태가 가장 이상적인 모습일 것이다. 차별을 당연시하지 않고, 잘못된 점을 지적하며, 평등을 위해 약자가 기회를 가질 수 있도록 배려하고, 각 상황에서 무엇이 최선의 평등인지 찾아나가는 것이다.

이러한 노력들은 오랜 역사를 걸쳐 발전해왔다. 사람이 같은 사람을 사고팔 수 있는 물건으로 대하는 노예제도가 폐지되었고, 민주주의 제도에서 자신의 정치적 의사를 표현할 수 있는 참정권이 여성에게도 주어졌다. 핀란드에서 1906년에, 노르웨이에는 1913년에, 미국에서 1920년에, 영국에서 1928년에, 우리나라에서는 1948년에 여성 참정권이 주어져 투표를 할 수 있고 선거에도 출마할 수 있게 되었다.

남아프리카 공화국의 인종분리 정책이었던 아파르트헤이트는 비교적 최근까지 존재하였고 아직 그 여파가 남아있다. 아파르트헤이트는 '분리'라는 뜻으로서 남아프리카공화국의 소수 백인에 비해 다수 유색인종에게 불리한 인종분리와 정치 및 경제면에서의 차별을 만든 이념적 정책이었다. 인종 간의 접촉 기회를 없애고, 사용할 수 있는 공공시설을 차별화했으며, 교육수준과 직업선택 또한 인종에 따라 다르게 제한하였다. 이러한 정책은 국제사회의 비난을 받았고 국내외적 압력에 따라 1990년대 초반 아파르트헤이트는 법적으로 폐지되었다.

이러한 차별들은 각각의 사람의 고유한 특성을 차별의 이유로 삼는다는 점에서 합리적이지도 정당하지도 않다. 인종이나 성별과 같은 특징들은 타고나는 것으로 개인이 만들어 내거나 바꿀 수 있는 것이 아니고, 차별의 이유가 될 수도 없다. 그러나 역사적으로 그러한 고유한 특징을 차별의 근거로 삼아 권리를 제한하거나 불이익을 주는 사례들이 존중하였다.

어떤 고유한 특징은 차별이 아닌 배려의 근거가 되기도 한다. 신체활동이 어려운 장애인들이 남들처럼 길을 다니기 위해서는 배려를 받을 필요가 있다. 휠체어를 탄 장애인은 계단을 올라갈 수 없어 별도의 경사로가 설치되어야 하고, 길은 휠체어가 다니기 충분한 너비를 갖추고 또 평탄해야 한다. 손잡이를 잡고 문을 밀기 힘들어 양쪽으로 열리는 자동문이 있어야 한다. 화장실 역시 휠체어를 타고 들어갈 수 있는 충분한 공간이 있어야 한다. 시각 장애인이 길을 다니려면 바닥에 깔린 노란색 점자블록이 필수적이다. 엘리베이터 버튼과 함께 점자 안내판이 병기되거나 소리로 안내를 한다. 이 모든 시설들은 장애인들을 위해 설치된 시설이지만, 아무도 이것을 보고 비장애인들의 권리를 침해한다거나 장애인만 특별히 배려해 역차별을 야기한다고 말하지 않는다. 이러한 시설을 만드는 것은 장애인들이 비장애인들과 동등하게 외출하고 길을 다니고 일상생활을 할 수 있도록 하기 위한 노력의 일환이다.

평등은 사람들의 고유성과 현재 상태를 동등하게 인정하고 그로 인해 개인이 겪게 되는 불편을 감소시키며 이상적인 평등을 달성하기 위한 기회를 모두가 가질 수 있도록 노력할 것을 전제로 한다. 타이타닉이 침몰하는 상황에서 어린이와 여자를 먼저 대피시키는 것은 근력이나 체력 같은 그들의 신체 능력이 성인 남성이 비해 약해 재난 상황에서 더 큰 피해를 입을 가능성이 크기 때문이다. 농어촌 전형은 학원도 많고 교육의 기회도 풍부한 도시에 사는 학생들에 비해 농어촌 지역에 거주하는 학생들은 교육의 기회가 적은 점을 감안하여 거주지역의 차이로 인해 원하는 교육을 받을 수 있는 기회가 과도하게 제한되지 않도록 배려하는 것이다. 급식을 기다릴 때 다리를 다친 친구가 먼저 급식을 받을 수 있게 배려하는 것은, 다리를 다친 친구는 다리를 다치지 않은 친구에 비해 서서 기다리는 데에 더 많은 수고가 들기 때문이다. 이러한 노력들은 개인의 현재의 신체적, 사회적 상황으로 인해 발생하는 불편을 감축하고, 동등한 기회를 가질 수 있도록, 평등한 상태를 만들기 위한 노력이다.

성별과 문화적 차이에 따라서도 평등이 필요하다. 성별을 이유로 기회를 제한하거나 불이익을 주는 것은 합리적이지 않고, 성별을 이유로 과중한 의무를 부과하거나 이익을 더 주는 것 또한 마찬가지이다. 성별은 종종 어떤 개인에 대한 추정의 근거로 쓰이기도 하지만, 이는 추정일 뿐 어떤 사람이 정말로 그런지 아닌지는 사실을 확인해 본 후 판단하여야 할 문제이다. 예컨대 통상적으로 여자들은 힘이 약해서 무거운 것을 못 든다고 생각되지만 모든 여자들이 그렇지는 않을 것이다. 남학생들이 여학생들보다 수학을 잘 한다고 생각되지만 정말 그런지는 시험을 통해 확인해봐야 한다. 중요한 것은, 추정되는 경향이나 편견을 사실처럼 받아들여서는 안 되고, 그 추정이나 편견이 남자는/여자는 어떠해야 한다는 주장의 근거로 쓰일 수 없으며 그래서도 안 된다는 것이다. 개인의 고유성과 현재 상태는 개인에게 국한된 것이지 어떤 집단의 특징이 아닐뿐더러 그것 때문에 어떤 행동을 제한하거나 동등한 대우를 만들어내기 위한 노력을 멈추어서는 안 된다.

다문화 가정에서 자라는 친구는 상대적으로 한국어가 느릴 수 있고 다른 사람들과 외모가 좀 다를 수 있다. 한국어가 느리거나 외모가 좀 다르다는 현재 상태는 그 친구를 무시하거나, 따돌리거나, 괴롭힐 이유가 되지 않는다. 그 친구가 말이 느린 것처럼 보이는 것은 한국어가 통용되는 사회에서 살고 있기 때문이다. 영어가 통용되는 사회에서 한국어가 모국어인 사람이 말이 느리고 답답함을 느끼는 것처럼, 한국어가 느린 것은 주어진 환경으로 인한 상태일 뿐이고 오히려 한국어를 더 잘 할 수 있도록 도와주는 배려가 필요하다.

개인의 고유성이나 상태는 상대적인 것이고 변화한다. 따라서 이는 누군가에게 주어지는 차별과 제한되는 기회, 그로 인해 낮아지는 사회의 평등 수준에 대한 이유가 될 수 없다. 대접받기 원하는 대로 타인을 대하라는 말은 다른 사람도 나와 동등한 존재이며 그 개인적인 고유성을 인정해주어야 한다는 말이다. 또한 현재뿐만 아니라 미래에도 이러한 태도가 지속되어야 하고, 시간의 흐름에도 불구하고 타인에 대한 대접은 평등하게 유지되어야 한다.

어떤 사회는 음식의 부족이나 위생환경의 불량, 의료지원의 부재로 인해 영아사망률이 높거나 평균수명이 다른 지역에 비해 매우 짧다. 가난이나 위생, 안전의 문제는 개인이 삶을 좌지우지할 수 있는 이슈이고, 인간다운 삶 이전에 삶 자체의 존속을 결정하기도 한다. 빈곤과 불평등 이슈는 여러 통계에서 볼 수 있듯이, 절대빈곤과 상대빈곤으로 나뉜다. 유엔의 지속가능한 개발목표에서는 하루 1.9달러 미만으로 살아가는 절대빈곤을 종식하는 것을 지표의 하나로 삼았다. 반면 상대빈곤선은 우리나라에서는 '전체 인구의 중위소득을 기준으로 하여 중위소득의 50%에 해당하는 소득'으로 정의되고 있다. 불평등은 경제적 불평등 외에도 다양한 층위에서 발생하고, 적절히 해결되지 않으면 사회에 갈등을 야기할 수 있다. 교육의 기회는 사회의 모든 사람에게 자유롭게 접근 가능하도록 주어져야 하고, 각각의 사람이 자신이 이상적으로 생각하는 삶의 모습을 추구할 발판이 되어줄 수 있다. 폭넓은 교육의 기회를 통해 사람들은 자신이 생각하는 이상적인 삶의 모습을 발견하고, 그에 다가갈 수 있는 길을 찾아내며, 그 길을 갈 수 있도록 목표와 수단을 획득할 수 있다.

빈곤은 유엔을 비롯한 여러 국제기구에서도 지적하고 있는 문제로 극심한 빈곤은 인간다운 삶을 침해할 뿐만 아니라 인간의 존엄을 지키는 것도 어렵게 만들기도 한다. 극단적인 빈곤은 생존의 문제로 연결되기도 한다.

국가별	1990	1995	2000	2005	2010	2015	2020
남아프리카공화국	45.5	41.2	47.3	53.9	48.1	32.9	27.2
덴마크	8.0	6.2	4.9	4.5	3.7	3.5	3.1
독일	8.3	6.0	4.8	4.2	3.7	3.4	3.2
멕시코	39.5	33.1	25.0	20.1	17.1	15.2	13.5
미국	10.3	8.7	7.4	7.0	6.8	6.0	5.8
베네수엘라	27.3	23.1	20.4	17.2	14.8	15.0	25.7
스웨덴	6.1	5.1	3.6	3.2	2.6	2.4	2.0
스위스	7.0	6.1	4.8	4.6	4.2	3.9	3.4
아르헨티나	27.1	23.2	19.7	16.7	14.2	12.1	10.2
영국	9.0	6.7	5.8	5.3	4.8	4.1	3.8
오스트레일리아	8.7	6.5	5.5	4.9	4.4	3.6	3.1
일본	4.9	4.4	3.7	3.0	2.6	2.2	1.8
짐바브웨	54.9	61.8	69.0	65.0	62.7	51.2	38.7
캐나다	7.4	6.2	5.4	5.3	5.1	4.6	4.5
한국	15.6	10.3	6.9	5.0	3.5	3.0	2.1

〈국가별, 시기별 영아사망률(%), 통계청, https://kosis.kr 2022. 1. 2〉

국가별	1990	1995	2000	2005	2010	2015	2020
남아프리카공화국	3,024	3,682	2,962	5,280	7,172	5,593	4,994
덴마크	25,974	34,718	30,035	49,173	58,915	54,839	63,135
독일	22,654	31,825	23,737	35,162	42,863	41,971	46,721
멕시코	3,010	3,782	7,004	8,105	9,161	9,368	8,054
미국	23,411	28,566	36,859	44,636	48,955	58,265	-
베네수엘라	2,436	3,441	4,784	5,422	13,655	-	-
스웨덴	29,814	29,405	29,611	43,984	54,236	52,139	54,895
스위스	-	51,587	41,647	61,479	81,505	86,440	-
아르헨티나	4,143	7,275	7,503	4,529	10,003	13,526	8,249
영국	19,497	22,472	28,248	42,580	39,132	43,503	-
오스트레일리아	17,676	19,704	21,232	33,087	49,724	55,325	51,103
일본	25,355	43,495	38,874	37,861	45,490	35,614	-
짐바브웨	816	595	533	454	836	1,302	1,110
캐나다	20,864	20,062	23,710	35,727	46,427	42,542	43,024
한국	6,602	12,522	12,179	19,262	23,118	28,814	31,881

〈국가별, 시기별 1인당 국민총소득, 단위:미국달러, 통계청, https://kosis.kr2022. 1. 2〉

통계에서 볼 수 있는 것처럼 1인당 국민총소득과 영아사망률은 반비례 관계를 보인다. 1인당 국민총소득이 높은 국가일수록 낮은 영아 사망률을 보이고, 1인당 국민총소득이 낮은 국가일수록 높은 영아 사망률을 보인다.

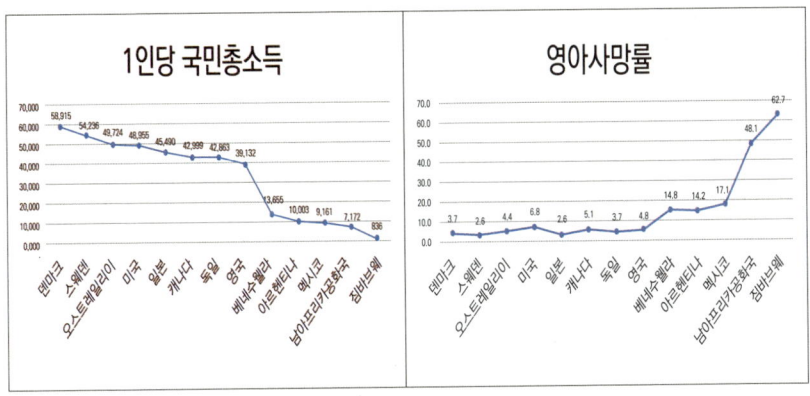

〈 국가별 1인당 국민총소득과 영아사망률 비교 〉

이러한 빈곤의 문제들은 ESG의 사회 이슈와 연관되어 있다. 국민총소득이 낮은 저개발국의 경우, 저개발국에 사업장을 둔 기업이 노동에 대하여 적정 수준의 임금을 보장함으로써 해당 국가의 국민 총소득을 끌어올리고 음식, 의약품, 위생 등 필수적인 조건을 개선하여 영아사망률을 낮출 수 있다. 그러나 반대의 경우 기업은 사회에 악영향을 미쳤다고 지탄받을 위험이 있다. N회사의 아동노동으로 인한 불매운동이 그 사례 중 하나이다. 1992년 인도네시아의 N회사 공장에서 시간당 14센트를 받고 일하는 노동자의 이야기가 알려졌고,

이는 대학생들까지 참가하는 큰 규모의 항의를 유발하였다. 1998년 CEO인 필 나이트는 노동자의 최소 연령을 상향하고, 모니터링에 주의를 기울이겠다고 발표하는 변화가 만들어졌다. 그러나 N회사는 이미지에 큰 타격을 입었고 이를 회복하는 데에는 상당한 시일이 소요되었다.

불평등의 문제 중 가장 많이 제기되는 것은 소수 인종이나 여성이 기업의 경영진이나 이사회에서 얼마나 대표되고 있느냐는 것이다. 2020년에는 S&P 500에 있는 회사의 이사회 중 여성의 비율은 29%로 올라갔는데 이는 2014년의 19%에 비해 증가된 것이지만 여전히 과소 대표되고 있다. 여성의 경제활동 참여율이 2020년 OECD국가 기준으로 52.5%에 달하고(남성은 68.4%) 미국의 경우에는 56.2%로 더 높은 데도 불구하고 이사회에서 여성은 훨씬 적게 대표된다. 아울러 여성과 남성간의 임금격차, 직업과 경제적 안정은 아직도 세계 곳곳에서 제기되는 문제이다. 미국과 같은 다문화 국가에서는 소수인종들의 목소리가 충분히 크게 들릴 수 있게 대표성을 확보하고 다양성을 증진하는 일이 중요한 문제로 받아들여진다. 점점 다문화 추세에 있는 우리나라도 다문화를 비롯하여 서로 다른 문화적 배경을 가진 집단 간 다양성을 존중하고 불평등을 줄여나가는 노력이 필요하다.

평등을 위한 노력에는 구조적인 변화와 더불어 여러 분야 간의 협력이 필요하다. 행동방식에 대한 개선과 그를 지속적으로 확인하고 변화가 만들어지고 있는지를 확인하여야 한다. 예컨대 이사회 구성,

임금격차, 교육훈련의 기회 등과 같은 항목 등을 통해 평등 수준을 확인할 수 있다. 아울러 구성원들의 건강과 복지를 고려하는 정신과 행동체계가 갖추어져 있는지, 기회가 모든 사람에게 평등하게 돌아가는지, 이러한 신념이 최고책임자를 비롯하여 기업 내에서 공유되는지 등을 통해 불평등을 줄이려는 노력을 이어갈 수 있다.

정직

정직은 태도에 관한 것으로서 사실 그대로를 존중하는 것을 말한다. 사실을 사실로 취급하는 것은 많은 문제에 대해 해결점의 시작이 된다. 사회는 여러 사람이 다양한 관계 속에서 살아가는 집합체로서 복잡 다양한 양상을 띠고, 항상 변화하며, 좋은 일과 나쁜 일이 번갈아 일어나고, 어떤 문제들은 해결되지만 어떤 문제들은 영영 해결되지 않는다.

예컨대 빈곤은 선사시대부터 사회문제였다. 빈곤에 대한 구제는 반복되는 사회적 이슈 중 하나였는데, 정부는 진대법, 의창, 환곡과 같은 구휼 정책을 통해 극심한 가난을 구제하고 사람들이 굶어죽는 일을 방지하고자 했다. 과거에 비해 생산능력이 비약적으로 발전한 현대사회에도 빈곤의 문제는 상존한다. 2015년 기준 하루에 1.9달러 미만으로 생활하는 절대빈곤선 아래의 삶을 영위하는 인구는 전 세계 인구의 10% 가량이다. 70억 인구 중 7억명, 우리나라 인구의

14배 정도의 사람들이 절대빈곤에 시달리고 있다. 국내에서도 소득 10분위 중 가장 소득이 낮은 1분위는 2019년 말을 기준으로 할 때 2.25명인 가구가 약 90만원의 월소득으로 생활한다.

빈곤의 문제는 단순히 가난한 것을 넘어 생명을 위협하기도 한다. 1인당 국민소득이 낮을수록 영아사망률은 높아진다. 가난할수록 산모와 아이에게 충분한 영양을 공급하기 어렵고 적절한 위생과 의료를 얻지 못하기 때문이다. 또한 가난할수록 당장 가계에 도움이 되어야 하기에 아동은 노동에 일찍 참여하게 되고, 교육의 기회를 얻기 어려우며, 기초적인 문해력 교육조차 받지 못하게 되는 경우가 있다. 이런 경우 아동은 더 나은 미래를 위해 노력할 기회조차 갖지 못하게 된다. 그는 지속적으로 저숙련 저임금 노동을 이어가게 되고, 가난의 해결은 더욱 요원해진다.

한편 정보통신 인프라가 잘 갖추어진 선진국에서는 사이버보안과 프라이버시가 문제된다. 이는 인터넷의 발달과 함께 나타난 전에 없었던 새로운 종류의 문제이다. 어떤 종류의 사이버 위협은 개인의 사적인 정보를 탈취하고 이를 통해 실질적인 피해를 만들어낸다. 해킹이 대표적이다. 해킹은 권한이 없는 네트워크에 무단으로 침입하여 저장된 정보들을 탈취하거나 시스템을 망가뜨리는 등 피해를 입히는 일련의 행위들을 말한다. 탈취된 개인정보는 보이스피싱이나 스팸 등에 악용되어 추가적인 피해를 만들어낸다.

F회사는 2019년 이용자들의 정보가 대량으로 유출되면서 많은 지탄을 받았고 이용자들이 탈퇴하거나 주가가 떨어지는 등 기업 가치에 직격탄을 맞았다. 당시 유출된 정보는 아직도 여기저기를 떠돌아다니면서 오용되고 있다고 추정되지만 F회사는 이 문제에 대해 명확한 답을 하지 않고 문제가 해결되었다고만 이야기한다. 이후 F회사의 최고경영자인 마크 저커버그는 청문회에 출석해야 했고, F회사는 사명을 변경하였다.

일련의 사회 문제에 대해 대응하는 가장 올바른 방법은 그 문제를 인정하고 해결책을 찾으려고 노력하는 것이다. 빈곤은 오랫동안 지속되어온 문제로 어쩌면 영원히 해결이 안 될지도 모른다. 인류의 생산력이 비약적으로 발전했음에도 불구하고 절대적 빈곤은 사라지지 않았는데, 이는 빈곤이 생산력의 총합에 대한 문제일 뿐만 아니라 각 지역별로 일정 수준의 생산력을 갖추고 있는지의 문제이기도 하기 때문이다. 흉년으로 인한 일시적인 식량 부족, 자연재해로 인한 생산기반의 파괴, 생산시설의 지역 이탈 등은 언제든지 빈곤의 문제를 증폭시킬 수 있다.

유토피아에 대한 꿈은 아주 오래전부터 존재해왔다. 모세는 젖과 꿀이 흐르는 풍요로운 땅을 찾아 가나안으로 향했고, 대항해시대의 모험가들은 황금으로 이루어진 도시 엘도라도의 풍문을 따라 태평양을 건넜으며, 금이 있다는 이야기는 미국인들이 황무지를 건너 서부로 달려가는 골드러시를 만들어냈다. 그러나 풍요를 추구하는 꿈의 기저에는 빈곤은 해결될 수 없다는 사실이 깔려 있다.

빈곤에 대한 최선책은 이것이 영원히 존속하는 문제임을 알고 해결 또는 완화를 위해 계속 노력하는 것이다. 그리고 이 노력이 필요하고, 빈곤한 사람들도 사회의 일원으로 존재한다는 사실을 사회 구성원들이 합의하고 기꺼이 이들을 포용하도록 설득하는 것이다.

개인정보 유출 등의 사이버 보안의 문제는 비교적 최근에 발생한 것으로, 이미 정부와 공공기관, 민간기업 등 정보를 다루는 수많은 기관에서는 사이버보안에 대응하고 개인정보 탈취를 방지하며 해킹 시도를 무력화하려는 노력을 하고 있다. 그러나 해킹 시도는 항상 존재하며 그들은 늘 새로운 해킹과 사이버 공격의 방법을 만들어낸다. 여기에 대한 최선의 대응은 늘 예상치 못한 해킹시도가 있을 것임을 인정하고 꾸준히 대비하는 길밖에 없다. 인터넷이 존재하고 정보매체가 고도화될수록 해킹이 가지는 파괴력은 더 커질 것이다. 누구도 완벽하게 안전하다고 단언할 수 없다. 최선의 사이버 보안은 그것이 지속하고 언제든지 터져 나올 수 있는 문제임을 인정하고 노력이 필요함을 모두가 인지하는 것이다.

사회문제의 해결 또는 완화는 문제를 알고, 그것을 인정하며, 해결 가능한지 아닌지를 판단하고 완전한 해결이 가능하지 않은 경우에도 문제를 경감하기 위해 노력하는 데서 시작된다. 빈곤이나 사이버보안의 문제뿐만 아니라 불평등, 교육, 양극화, 집단 간 갈등, 폭력이나 유혈사태의 경우도 마찬가지이다. 이러한 문제들은 인류 역사와 함께 해온 문제들이고 인류는 이러한 문제를 해결하려 노력하는 과정에서 발전해왔다. 불평등의 문제는 계급사회를 무너뜨리는 기폭제가 되었고, 갈등 해결 방식에 대한 다양한 대안들이 만들어졌다. 인류는 다수결, 협상, 문서화된 의사결정 절차, 법률과 대의 민주주의와 같은 시스템을 만들어냈다.

그럼에도 불구하고 어떤 문제들은 영원할 것이다. 시스템은 모든 문제를 해결해주지 못하므로 시스템이라는 큰 틀 사이로 흘러내리는 모래들은 항상 존재하기 마련이다. 이러한 시스템의 부족한 부분을 보충해줄 수 있는 것은 사회적 포용이다. 관용, 베풂, 존중과 같은 미덕들은 시스템이 놓치는 사회의 약한 부분을 보듬고, 약자들의 자리를 만들고, 때로는 시스템의 오류를 수정하는 역할을 하기도 한다. 사회적 포용은 교육을 통해 구성원들이 체화하도록 해야 하는 중요한 부분 중 하나이다. 포용은 관대한 정신뿐만 아니라 일련의 사고방식과 행동 양식을 포함하고 이는 실천을 통해서만 명시적으로 전달될 수 있는 지식이다. 올바른 젓가락질을 애써 연습하고 배우는 것처럼 사회적 포용 또한 학습할 수 있는 미덕이다.

ESG는 이러한 사회적 이슈를 해결하거나 완화하는데 기업의 참여를 독려한다. 여기서 투자자들과 소비자들의 선한 의지는 기업에 동기를 부여하는 역할을 한다. 특히 투자자들은 사회 책임 투자 등의 투자 전략을 통해 기업이 사회에 공헌하도록 촉구한다.

프라이버시의 문제는 최근 사이버 정보보안과 더불어 대두되기 시작한 문제이다. 다국적 기업에 의한 막대한 양의 개인정보의 수집, 해킹 등을 통한 민감한 개인 정보의 유출, 의도적인 사생활 노출과 같은 문제들이 대두되었다. 사람들이 점점 더 인터넷을 통해 연결되고, 인터넷 상에 정보가 넘쳐나 개인의 사적인 정보와 사생활이 인터넷 상에 공유되면서 개인정보보호의 중요성은 점차 커지고 있다. 아울러 이메일, 모바일뱅킹 등 점점 더 많은 중요한 활동이 온라인으로 이루어지면서 전송된 정보들이 안전하게 활용되고 적절히 파기되는지 확인이 필요해졌다.

정보는 현대사회에서 중요한 역할을 하고 있고 특히 기업에게는 이윤창출의 원천이 되기도 한다. 빅데이터가 일상화되고 기업이 수많은 사람들의 개인정보를 보유하고 있는 상황에서 사이버 보안과 개인정보를 잘 관리하는 일은 기업이 고객의 신뢰를 얻고 리스크를 예방하며 기업가치를 향상할 수 있는 수단이다. 데이터 보안의 문제로 위기를 맞은 기업들이 계속 등장함에 따라 소비자들과 투자자들 사이에서는 사이버보안에 대한 의식이 높아졌고, 사이버 보안이 침해당할 경우 단지 각자 개인적인 범위에서 피해가 일어날 뿐만 아니라 사회 전체가 위험에 빠질 수도 있다는 인식이 확산되었다. 기업은 데이터 보안에 많은 비용과 노력을 들이는데, 이는 보안이 침해당할 경우 잃게 될 평판과 감수해야 할 리스크가 더욱 커지기 때문이다.

전문가들은 지난 몇십년 간 데이터를 수집하는 회사들의 제한된 거버넌스가 위험에 노출되어 있다고 경고해왔지만 2018년 3월 16일 F회사가 정치데이터 분석 회사인 C회사의 모 기업인 S회사의 계정을 중지했다고 알리면서 대중도 이 문제에 관심을 갖게 됐다. C회사가 5천만명 이상인 F회사 유저의 개인정보를 잠재적으로 오사용했기 때문이었다. 투자자들이 개인정보의 판매가 암묵적으로 F회사 비즈니스모델의 중요한 요소임을 인식하면서 F회사의 주가는 급락했다. 많은 투자자들에게 단기적인 주식시장의 조정은 분명한 우려 요소 중 하나이다. 이러한 투자자들의 우려를 고려해 미국, 유럽을 비롯한 세계 여러 지역의 입법자들이 데이터 공유와 사용에 대해 더 촘촘한 규제를 요구하면서 기업이 이를 위반했을 때 받을 수 있는 처벌은 더 큰 걱정거리이다. 미디어 분야에서 데이터 보안은 수년간 핵심적인 주제로 다루어져왔고 Cambridge Analytica 스캔들은 새로운 개인정보법이 영구적으로 F회사의 사업을 방해할 수 있는 가능성에 주목하게 했다. 11일 후인 2018년 3월 말에 F회사는 10억 달러가 넘는 시가총액 하락을 겪었다고 보고되었다.

사회 곳곳의 문제들 중 어떤 문제들은 해결되기 아주 어렵지만 어떤 문제들은 해결되거나 완화될 수 있다. 사회적 책임 투자는 이러한 사회적 문제들에 대하여 기업들이 인식을 갖고 나서기를 요구하는 투자로서 투자이익과 사회적가치의 개선을 동시에 추구하고자 했다. 사회문제의 해결을 위한 사회적 책임투자는 일반적인 투자 방식으로 자리 잡았고, 기업들은 사회적인 책임을 갖고 경영활동을 하라는 사회적인 요구에 따라 노력하고 있다.

기업 경영에 있어 사회적인 고려사항을 간과한 경우 이는 기업의 평판이나 이익을 해치는 결과를 불러오기도 했다. 불공정 거래, 아동노동 등과 같은 사회적인 문제로 언론에 오르내리게 되면 기업의 사회적 평판이 떨어지고, 소비자들이 기업을 불매하거나 회피하게 되며, 기업의 주가에도 악영향을 미친다. 개인정보 유출로 인한 스캔들은 종종 있는 사건으로 그때마다 기업들은 수습에 나서지만 기업의 이미지는 이미 훼손된 후였다. 이러한 리스크가 발생하지 않도록 하는 최선의 방안은 기업 자체적으로 사회적으로 올바른 운영방식과 관습을 만들고 그에 따라 행동하는 것이다. 기업의 평판은 쉽게 만들 수 없는 자산이며 한 번 훼손되면 다시 평판을 회복하는 데에는 그 이상의 노력이 든다. 어떤 리스크는 실질적인 매출의 위협으로 이어지기도 한다. 소비자들의 불매운동은 기업의 부정당한 행위에 대한 항의로 소비재 기업의 경우 소비자의 불매운동에 큰 타격을 받는다. 콘텐츠 기업에 있어서도 마찬가지인데, 역사왜곡 논란으로 소비자들이 해당 드라마에 광고를 실은 기업에 대해 불매운동을 시작하자 조기 종영된 드라마의 사례도 있다.

한편 사회적으로 긍정적인 기여를 하는 기업에 대해서는 적극적으로 홍보하고 구매하는 움직임도 있다. 사회적 약자에게 친절을 베풀거나 결식아동에게 따뜻한 식사를 제공한 업장에 적극적으로 구매를 하는 것이 사례이다. 이는 소비자들이 자신의 구매력을 활용하여 기업의 선한 행동을 지지하고 촉진하고자 하는 것으로, 기업의 사회적으로 긍정적인 행동이 기업의 이윤으로 연결된 사례이다.

5. 윤리적인 거버넌스(Governance) (G)

거버넌스는 규칙의 패턴 또는 관습으로서, 1980~1990년대의 공공부문의 개혁 이전부터 존재해왔던 위계 상태의 종류를 포함한다. 이러한 개혁은 공공부문의 서비스를 전달하는 데 있어 위계적인 관료제로부터 시장, 유사시장, 네트워크를 사용하는 큰 변화를 언급하는 데 쓰였다. 예를 들어 International Governance란 국가들이 각자의 국경 안에서 정부의 의사결정을 집행하는 수준으로 행정력을 운용할 수 없는 유엔과 같은 국제기구가 보유한 약한 수준의 업무집행 규칙의 패턴을 말한다. 마찬가지로 Corporate Governance는 비즈니스에서의 규칙의 패턴으로서 기업들이 방향을 제시하고 통제하는데 활용하는 시스템, 기관, 원칙을 말한다. 말하자면 거버넌스는 국가 활동이 부재한 상황에서도 질서를 유지할 수 있는 권력과 권위의 형태를 확산시키는 방식에 대한 높아지는 인식을 표현한다.

거버넌스가 국가기관의 통제 없이도 질서를 가질 수 있는 체계를 기업에게도 요구하는 것이라고 정의한다면, 거버넌스는 감시 없이도 윤리적으로 작동하는 의사결정 체계를 만드는 데 방점을 둔다. 기업을 이끌어나가는 데에는 기업 내외부의 요인이 복합적으로 작용하는데, 기업의 문화와 내부의 역량, 사회적 관습과 문화적 토양, 외부적 규제 등의 요인이 상호작용에 의해 기업은 그들의 행동을 결정하는 거버넌스를 만들게 된다.

즉, 거버넌스가 조직의 의사를 정당하고 질서 있게 결정하는 시스템, 원칙, 관습, 감시체계 등을 집합적으로 이르는 말이라면, 이는 조직의 의사결정을 만들어내는 기반과 활동을 총괄하는 말로 볼 수 있다. '운영'이란 사전적으로 '조직이나 기구, 사업체 따위를 운용하고 경영함'이라는 뜻이다. '지배'는 '어떤 사람이나 집단, 조직, 사물 등을 자기의 의사대로 복종하게 하여 다스림'을 말한다.

'어떤 사람이나 집단, 조직, 사물 등을 자기의 의사대로 복종하게 하여 다스리는 구조'를 지배구조라고 표현한다면, 거버넌스는 조직을 정당하고 질서 있게 움직이게 하기 위한 체계와 활동 전반을 이르는 말이기에 지배구조라는 협소한 단어로는 그 의미가 전달되기 부족하다.

리스크 관리의 측면에서 거버넌스 이슈는 환경 이슈와 사회 이슈가 제기되었을 때 이에 대해 적절히, 올바른 방식으로 대응하게 하는 의사결정 체계이기도 하다. 거버넌스 이슈가 그 자체로서 직접 대두되는 경우도 종종 있지만 거버넌스 자체는 환경 이슈나 사회이슈에 비하면 비교적 전면적인 문제 제기가 덜 이루어진다. 달리 말하자면 거버넌스 이슈는 환경 이슈나 사회이슈가 리스크로 드러났거나 드러나기 전 단계에서 이를 검토하고 대응하고 조정할 역량이 있느냐의 문제로 볼 수 있다. 거버넌스의 건전성은 규칙이 있으며 지켜지는지, 거버넌스에 참여하는 구성원 간 상호 신뢰가 형성되어 있는지에 달려 있다.

거버넌스는 어떤 조직이나 집단의 의사를 결정하고 그 의사결정이 올바르게 이루어지는지를 감시하는 일련의 체계이다. 이를 통해 집단적인 의사결정은 합리적으로 이루어질 수 있고, 윤리적인 방향성을 담보할 수 있다. 거버넌스에는 조직의 정책, 윤리강령과 같은 명문화된 원칙들과 의사결정 기구의 특성이 반영된다. 명문화된 원칙들이 윤리적이고 의사결정 기구가 윤리적이라면 의사결정은 윤리적으로 이루어진다. 반대의 경우에는 윤리적이지 않은 결정이 이루어질 우려가 있다. 거버넌스는 감시 체제 또한 포함하는데, 감시 체제를 통해 원칙들이 윤리적으로 만들어져 있는지, 의사결정 기구가 윤리적으로 활동하는지를 감시할 수 있다. 감시는 조직 내부 및 외부에서 이루어지며 감시자의 의견을 반영하여 의사결정 구조를 개선해 나가는 피드백 작업을 전제한다.

거버넌스는 넓은 범주에서 기업의 위계와 구조를 통한 윤리적 감시 체계를 포함한다. 거버넌스를 중시하는 투자는 기업 리더십, 보상체계, 노동자 인권, 감사와 내부통제, 주주권리에 초점을 둔다. 기업의 거버넌스를 평가함으로서 투자자들은 기업의 거버넌스에 관한 통찰을 얻을 수 있는데 이는 전통적인 조사와 분석 방식으로는 얻을 수 없는 정보였다. 거버넌스 위주의 투자자들은 기업의 신뢰성, 투명성, 안정성 등을 판단하기 위해 거버넌스 요소를 검토한다. 이러한 투자자들은 기업의 가치를 거버넌스의 수준을 근거로 평가한다. 투자자들은 우수한 거버넌스를 가진 조직을 선호하고, 거버넌스가 빈약한 기업의 유가증권은 덜 선호되며 리스크가 많다고 받아들여진다. 엔론이나 월드콤 같은 부실한 거버넌스로 인한 사건이 발생한 이후 많은 투자자들은 거버넌스에 더 주의를 기울이게 되었다.

거버넌스가 기업의 의사를 기업 내·외부의 이슈에 대해 기업의 방향을 결정하는 체계라는 점에서 거버넌스를 지배구조 대신 '운영'이

라는 단어로 부르는 것이 광의의 거버넌스를 나타내기에는 더 적절할지도 모른다. 일본은 'ガバナンス'라고 영어 단어를 그대로 음차해서 사용하고, 중국은 '治理'라고 사용한다. 거버넌스의 정의를 명확하게 번역하기는 어렵다. 거버넌스를 운영이라고 부르든, 지배구조라고 부르든 두 용어 모두 거버넌스의 개념 전체를 포괄하지 못하기 때문이다. 지배구조는 시스템의 형성에, 운영은 시스템의 활용에 치우친 의미를 갖는다. 따라서 보다 정확한 번역어가 나타나기 전까지는 거버넌스라는 단어를 사용하는 것이 오히려 정확한 개념을 전달할 수 있을 것이다.

이러한 조직의 운영 시스템은 자연 발생적이지 않다. 효율적이고 윤리적인 의사결정을 위해 인위적으로 만들어낸 체계이다. 이러한 체계가 유지되고 정상적으로 작동하기 위해서는 체계에 참여하는 사람들이 주어진 게임의 룰을 잘 지키는 것이 전제가 된다. 게임의 룰을 지키지 않으면 게임 자체가 성립할 수 없기 때문이다.

가위바위보 게임을 할 때에 가위는 보자기를 이기고 보자기는 주먹을 이기고 주먹은 다시 가위를 이기는 것은 기본적인 게임의 규칙이다. 게임에 참가하는 사람들이 모두 지키기로 합의한 규칙을 깨는 순간 게임은 더 이상 진행되지 않는다.

조직이 올바른 의사결정을 할 수 있도록 잘 작동하는 시스템을 만드는 기반은 주어진 규칙을 지키는 것이다. 그렇지 않은 경우가 특정인에 의해 발생하는 의사결정의 왜곡이다. 범죄를 저지르거나 사회적으로 물의를 일으킨 기업 창업주 가문의 일원이 경영 일선으로 복귀한다는 뉴스는 흔한 보도이다. 기업은 기업의 이익을 극대화해 줄 수 있는 경영진을 우선시한다. 그럼에도 불구하고 기업 평판에 악영향을 미친 인물이 경영에 참여하게 되는 현상들은 거버넌스에 왜곡이 있음을 짐작케 한다.

누군가가 규칙을 어기는 일이 반복되면 규칙을 지키는 사람이 바보 취급을 받는 일이 벌어질 수 있다. 이러한 현상의 반복은 시스템에 대한 신뢰를 떨어뜨려 거버넌스가 정상적으로 작동되기 어렵게 한다.

거버넌스는 사람이 만들어낸 시스템으로, 이 체계를 통해 공동선과 공동의 이익을 창출하자는 암묵적인 합의에 기초한다. 시스템이 유지되기 위해 필요한 것은 시스템 자체의 완결성뿐만 아니라 시스템에 참여하는 사람들이 상호 간에 갖는 신뢰이다. 잘 만들어진 시스템이라도 이를 활용하고, 유지하고, 개선하는 것은 그에 참여하는 사람들이다. 사람들이 상호간의 신뢰 없이 잘못된 선택을 한다면 시스템은 망가지게 된다. 신뢰를 통해 시스템은 유지가 가능하며, 본래의 순기능대로 움직이게 된다.

신뢰는 거래를 활성화하고 거래 비용을 줄이며 사회의 효율성을 증진시키는 역할을 한다. 신뢰는 타인을 믿고 행동할 수 있게 하고 믿음을 담보하는데 필요한 비용을 줄여 사회전체적인 생산성을 향상시킨다. 미국의 철학자인 후쿠야마는 신뢰를 서구사회가 번영하는데 기반이 된 핵심적인 개념이라고 생각하여, '어떤 공동체 안에서 그 구성원들이 공통으로 공유하고 있는 규범에 입각하여 규칙적이고 정직하며 협동적으로 행동할 것이라는 기대'라고 정의하였다.

사회 조직 안에서의 신뢰는 그를 구성하는 개인들이 공동체 내의 타인을 믿고 의사결정을 할 수 있게 도와준다. 상대방도 내가 알고 있는 상식대로, 상식적으로 행동 할 것이라고 기대하기 때문이다. 이러한 신뢰의 구축은 다양한 방법을 통해 시도되었다. 동질성이 높고 폐쇄적인 사회에서는 예절, 양심 또는 관습의 형태로 이러한 신뢰가 보호되었다. 권장되는 행동양식인 예절과 사람이라면 따라야 하는 양심은 사회구성원들의 행동양식의 범위를 규정하였고, 이를 벗어날 경우 사회적 비난과 그로 인한 고립으로 불이익을 주어 정해진 행동양식을 따르게 하였으며, 세부적인 사항들은 관습에 따라 상호 상대방의 행동을 예측하고 행동할 수 있게 해주었다.

동질성이 낮고 개방성이 높은 사회에서는 자신의 의사를 명확하게 전달하고 촘촘하고 세부적으로 짜여진 매뉴얼을 통해 행동양식에 대한 정보를 상호 교환하며 기준을 정하여 상호 간의 신뢰를 확보하고자 하였다. 상대방의 관습과 행동 양식을 예측하기 어려운 상황에서 자신의 의사를 명확하게 밝혀 의사소통에 오류를 줄이는 것은 사회의 신뢰 수준을 높이기 위한 효과적인 수단이다. 상대의 의도를 알기 위해 혼자서 고민하는 대신 물어보면 되기 때문이다. 이때 서로 거짓말을 하지 않고 말과 행동이 일치하는 것은 신뢰를 구성하기 위한 기본 요건이다. 또한 요구되는 행동양식을 매뉴얼의 형태로 제작하여, 공동체의 참여자들이 약속된 매뉴얼대로 행동하게 된다면 서로 상대방이 어떻게 행동할지 예측할 수 있어 신뢰를 쌓기가 더욱 쉬워진다. 중요한 것은 서로 매뉴얼을 알고 매뉴얼대로 행동하는 일이다. 매뉴얼을 알고도 그대로 행동하지 않는 것은 상호 신뢰를 깨뜨리는 행위로서 제재가 가해지게 된다.

조직의 형태에 상관없이, 조직의 의사결정이 효율적으로 이루어지고 그 실행이 담보되기 위해서는 조직 구성원 간 상호 신뢰가 중요하다. 이를 위해서는 조직 구성원 간 거짓말을 하지 않는다는 믿음과 거짓말을 한 경우 처벌이 주어지는 시스템이 병행되어야 한다.

기업의 거버넌스를 기업 내에서의 의사결정이 만들어지는 체계라고 본다면, 기업의 의사결정을 만드는 구조는 기업 내외부의 요인이 복합적으로 작용한다. 기업의 문화와 내부의 역량, 사회적 관습과 문화적 토양, 외부적 규제 등의 요인이 상호작용에 의해 기업은 그들의 행동을 결정하는 거버넌스를 만들게 된다.

거버넌스에 기반을 둔 투자자들은 내부거래, 뇌물, 차별과 같은 논쟁적인 주제에 관하여 기업의 정책과 운영 방식을 평가한다. 기업윤리는 본질적으로 주관적이고 투자자들은 무엇이 윤리적인 행동인지를 판단하는데 있어 차이를 보일 수 있다. 기업 윤리는 기업문화와 산업마다 크게 차이를 보일 수 있으며, 거버넌스에 초점을 두는 투자자들은 회사의 기업 윤리를 회사가 보이는 긍정적인 거버넌스의 범위를 판단하는데 활용한다. 기업 윤리는 주주의 대리인으로서 기업이 가지는 수탁자 의무(Fiduciary Duty)의 도덕적인 측면 때문에 사회적 투자에서 고려하여야 할 요소로 이해된다.

외부에서 촉발된 리스크나 새로 드러난 잠재적인 문제에 대응하는 수단으로 거버넌스를 정의하는 경우 거버넌스는 의사결정집단의 다양성과 명문화된 규정의 유무로 유형을 나눌 수 있다.

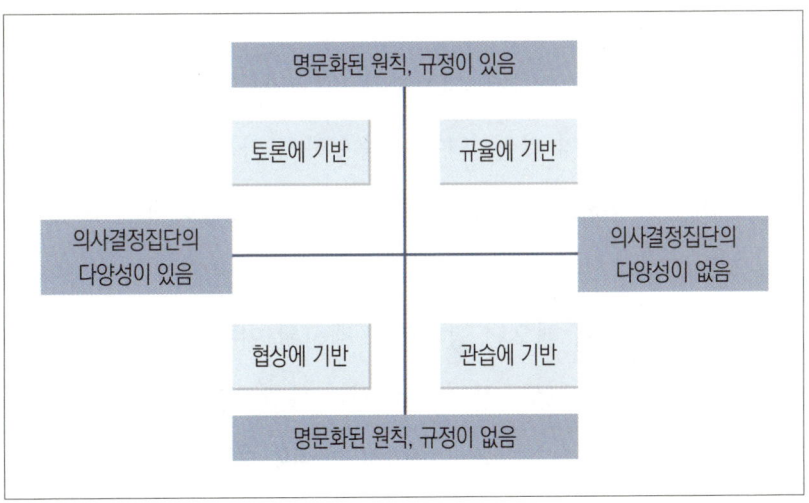

〈거버넌스의 유형〉

명문화된 원칙이나 규정이 있으면서 의사결정집단의 다양성이 있는 경우에는 원칙과 규정의 범위 내에서 서로 다른 사회적, 문화적 배경을 가진 의사결정자들 간의 대화와 토론을 통해 의사결정이 이루어진다. 이때 각 의사결정자들이 가지고 있는 사회적, 문화적 배경이 제시된 이슈에 대해 다양하고 풍부한 의견이 모아질 수 있도록 하며, 균형 있는 결론을 이끌어낼 수 있게 된다.

명문화된 원칙이나 규정이 있으면서 의사결정집단의 다양성이 없는 경우에는 주어진 이슈에 대해 원칙과 규정 하에서 논의하게 되나, 다원적인 시각의 의견이 모아지기는 힘들다. 제시된 이슈에 대해서는 원칙과 규정에 따라 결론을 제시하게 되며, 다양한 집단의 의견이 수렴되지 않았기 때문에 리스크에 대한 분석과 대응이 미흡할 수 있다.

명문화된 원칙이나 규정이 없으면서 의사결정집단의 다양성이 있는 경우에는 의사결정자들간의 협상에 의해 제기된 이슈에 대한 결론을 도출하게 된다. 이슈에 대응하기 위한 명문화된 원칙이나 규정 대신 의사결정자들의 관점, 의견이 중요하게 다루어지므로 보다 유연한 논의가 가능하고 새롭고 창조적인 결론을 도출해낼 수도 있다.

명문화된 원칙이나 규정이 없으면서 의사결정집단의 다양성이 없는 경우에는 기존에 해오던 방식대로 제시된 이슈를 바라보고 결론을 내게 된다. 의사결정에 참고할 수 있는 문서화된 원칙이나 규정이 부재하고 의사결정집단 내에서 다양한 의견을 모으기도 힘들어져 이슈에 대응하는 방식이나 도출된 결론이 이전과 달라지기 힘들다.

사람은 모두 각자의 정체성과 살아온 문화와 속한 그룹이 다르기 때문에 의사결정을 하는 사람의 구성에 따라 의사결정 방향이 달라지곤 한다. 예를 들어, 독도 영유권 분쟁 문제에 대해 우리나라 사람들이 가지는 시각과 독도가 뭔지도 모르는, 제3자의 입장에 있는 외국인들이 가지는 시각은 다를 수밖에 없다. 이렇게 서로 다른 의견을 담아내는 데에는 의제선정부터 결론도출에 이르기까지 의견을 조율하고 최적의 대안을 찾아낼 수 있는 절차가 명문화되어 있을수록 적절한 결론을 이끌어낼 수 있다.

가령, 의사결정집단의 다양성이 낮고 명문화된 원칙이 없는 시스템에서는 어떤 환경적이거나 사회적인 리스크가 반복적으로 발생하더라도 그에 대한 대응 방식을 변경하기가 힘들다. 사회적인 가치체계나 요구하는 수준에 맞지 않는 대응이더라도 그를 변화시킬 유인이나 동기가 발생하지 않고, 대응체계가 명확하게 설정되어 있지 않는 경우 책임 소재도 분산되어 문제해결방식에 변화가 있기 힘들게 되는 것이다. 종종 발생하는 경영자의 갑질 스캔들은 그 발생 자체가 기업의 리스크일뿐만 아니라 적절하지 못한 대응도 리스크가 된다. 갑질에 대하여 사회 일반의 가치체계를 반영할 수 있는 의사결정집단 내의 다양성이 있고, 경영자의 윤리적 행동에 대한 원칙이 있었다면 대응 양상은 달라질 수 있었을 것이다.

재무투자의 측면에서는 거버넌스는 기업의 의사결정 구조로 인한 잠재적인 성장가능성을 드러내는 지표로 활용될 수 있다. 기업의 거버넌스는 기업의 신뢰구축, 위기관리 및 대응 능력이 만들어지는 기반으로 볼 수 있으며 이는 주주가치의 향상으로 이어질 수 있다. 기업의 거버넌스와 관련된 리스크는 기업의 의사결정 과정에 악영향을 끼칠 뿐만 아니라 기업 평판과 수익성에도 악영향을 미칠 수 있다. 특히 뉴스의 헤드라인에 기업과 관련된 부정적인 환경이나 사회 이슈가 보도되는 경우 기업은 곤란한 입장에 처할 수 있다.

투자자들은 전통적으로 ESG 관여를 리스크 관리를 위한 수단이나 내부통제에 기반을 둔 수단으로 생각해왔다. 이런 방식에서 ESG 관여는 대개 선제적이라기보다는 대응적이었고 개별 회사별로 맞닥뜨린, 미디어의 부정적인 관심 또는 내부고발의 결과인, 현재의 구체적인 리스크에 집중해왔다.

거버넌스가 유발할 수 있는 리스크는 크게 평판에 관한 리스크와 거버넌스 방식에 관한 리스크로 구분할 수 있다. 평판에 관한 리스크는 조직의 평판뿐만 아니라 그에 영향을 받은 수익성, 잠재적인 성장가능성, 매출액규모, 자금조달의 난이도, 인재풀의 축소 등 여러 측면을 포괄한다. 따라서 이는 투자자들에게 중요한 이슈이다. 이러한 평판을 만들고 관리하며, 평판에 리스크가 생겼을 때 이를 적절히 수습하고 평판을 개선하는 일련의 의사결정은 거버넌스에서 만들어진다. 기업의 평판 리스크는 기업의 잘못된 결정이나 특정한 뉴스 이벤트를 통해 만들어지는 경우가 많다. 특히 거버넌스로 인한 평판 리스크는 내부적인 의사결정이 관여하고 있다는 점에서 사전에 발견하기 어려우며 적절한 감시가 이루어지고 있는지를 담보할 수 없고, 때로는 개선을 위하여 기업 자체에 중요한 변화를 요구하기도 한다.

의사결정 방식에 관한 리스크는 기업의 내부적인 거버넌스 관습이나 문제에 접근하는 방식이 문제를 해결하는데 적합하지 않거나 성과하락으로 이어지는 리스크를 말한다. 이러한 경우 기업은 리스크가 발견된 후에도 적절하게 대응할 수 없고, 대응 시기를 놓쳐 문제를 더 크게 만들기도 한다. 의사결정 방식에 관한 리스크는 사전에 내부의 자율적인 규제와 점검을 통해 확인하고 관리되어야 하고, 이를 위해 외부의 독립적인 감사기관이 필요하기도 하다.

N기업의 경우 2013년 주가가 100만원을 넘으며 호조세를 보였지만 2020년에는 주가가 1/4 수준으로 하락하는 등 지속적인 주가 하락 추세를 보여 왔다. 당시를 전후한 기간 동안 대리점에 상품을 강매했다는 논란 및 임신한 여직원에게 퇴사를 종용했다는 보도가 있었고 개인정보 유출 등 기업 평판에 악영향을 줄 수 있는 사회적 리스크들이 있었다. 기업 이미지에 악영향을 주는 사회적 논란이 장기간 발생하였음에도 불구하고 해당 논란에 대해 소비자의 눈높이나 사회적인 기준에 따라 논란을 잠재우거나 종식할 적절한 대응과

추가적인 논란을 예방하기 위한 내부적인 거버넌스 방식의 변화가 미비했다고 보인다. 논란이 지속적으로 발생한 점을 볼 때, 리스크에 대응하는 의사결정 구조가 제대로 작동하지 않았기 때문에 이러한 현상이 벌어졌다고 볼 수 있다. 투자자들의 기업에 대한 평가는 주가에 반영된다. 그러나 N기업은 논란의 지속으로 인해 투자자들에게 투자 위험을 부각하여 평가가 하락하는 결과를 불러왔다.

거버넌스와 관련된 이슈로는 이사회 다양성, 윤리강령 등 명문화된 기준, 직원대우나 부패 방지 등 기업 문화, 최고책임자의 보수 등이 있다.

이사회나 경영진과 같은 상부 의사결정 기구에 다양성이 반영되는 것은 의사결정에 어느 집단의 목소리가 반영이 되는지, 의사결정 과정에 충분한 다양성이 존재하는지를 확인하기 위해 필요하다. 의사결정 과정에 소수자의 목소리가 반영됨으로서 소수자의 의견을 반영하고 소수자를 배제하는 사회적 리스크를 예방할 수 있으며, 기업의 주된 소비자 집단의 인구구성을 이사회에 반영하여 좀 더 경쟁력 있는 선택을 할 수도 있다.

윤리강령 등과 같은 기업의 명문화된 정책 기준은 의사결정 및 판단에 있어 중요한 이정표 역할을 한다. 윤리강령은 기업이 고수하기로 결정한 윤리적 기준으로, 기업 스스로 만들며 법적인 강제성은 없다. 윤리강령 외에도 기업의 정책을 담은 명문화된 기준들은 기업의 거버넌스방식에 대한 설명을 제공하고, 투자자 및 소비자들과의 의사소통을 도우며, 내부적으로도 갈등과 혼란을 감소시키는 역할을 한다. 명문화된 정책들은 종종 마케팅의 일부로서 대중적인 평판을 관리하기 위한 워딩의 수단이라는 비판이 있기도 한다.

회사가 직원들을 대우하는 방식도 중요하다. 작업장에서의 안전, 일과 삶의 균형, 유연한 근로관리, 교육기회의 제공 등 회사가 직원들을 대하는 방식은 법적인 기준과 별개로 회사가 가지고 있는 잠재적인 역량과 리스크 관리 수준을 반영한다. 직원들을 잘 대우하는 회사는 생산성이 높고 기업가치도 높은 경향이 있다.

직원들이 높은 만족도를 보인 회사는 동종 산업 평균 및 비교대상인 회사보다 상대적으로 높은 주식가격을 보였다. 이 회사들은 이익마진과 자산투자에 대한 성과로 측정되는 생산성과 효율성에 있어서도 높은 수준을 보였다, 따라서 직원만족도를 높이는 노력의 성공은 기업의 전반적인 생산성을 강화하는 것으로 보이며, 더 높은 주가를 통해 투자자들로부터 보상을 받는다.

회사가 직원들에게 충분한 교육의 기회를 제공하고 그들이 가진 지적인 능력을 개발하고 잘 활용할 수 있도록 하는 것도 중요하다. 이러한 기업 문화는 기업의 인적자원과 인재풀을 개발하는데 기여하며, 기업 가치와 잠재성장에 대해 긍정적인 평가를 이끌어 낼 수 있다.

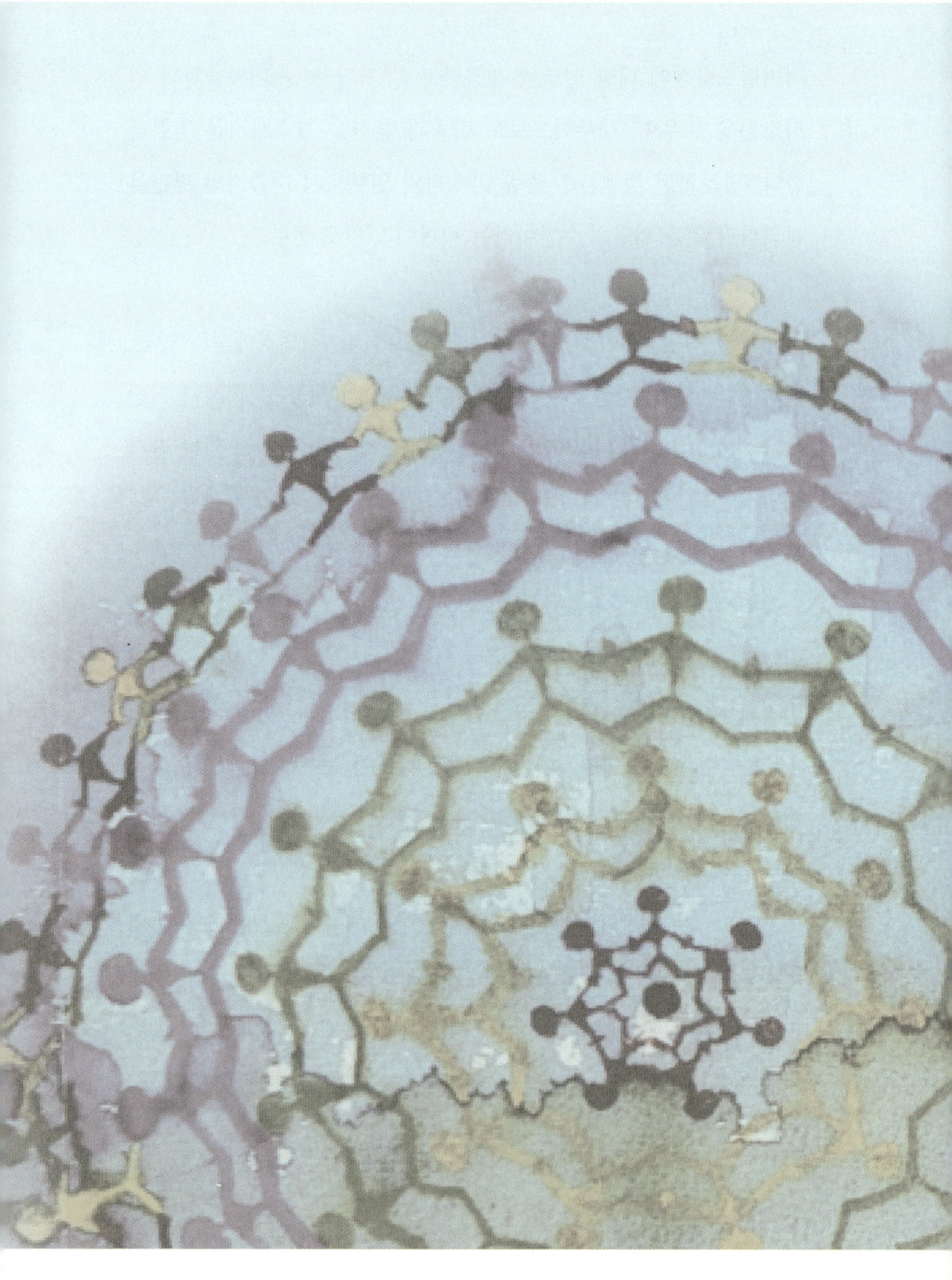

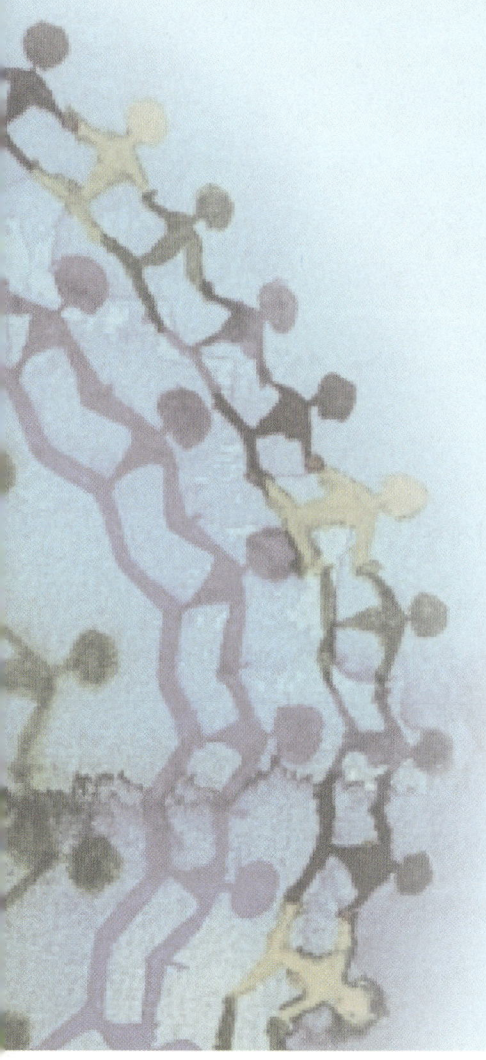

제3장

ESG의 발전

1. 풍요의 시대 이전

2. 보편적인 선의

3. 선한 의도의 사회화

4. ESG 선언

제3장. ESG의 발전

1. 풍요의 시대 이전

우리가 지금과 같은 수준의 풍요를 누리게 된 것을 오래지 않은 일이다. 긴 인류역사에서 대부분의 기간은 굶주림과 추위에 시달렸고 겨우 먹고사는 수준의 생활이 이어져왔다. 산업혁명 이후 인류는 이전과는 비교불가능한 수준의 생산이 가능하게 되었다. 인류는 오랫동안 농업생산에만 의지했고, 수천년 동안 그 생산능력은 비슷한 수준으로 유지되어왔다. 그런데 18세기 중반에 들어 인류의 생산능력이 폭발적으로 성장하는 사건이 발생하였다. 가내수공업은 공장노동으로 대체되었고 사람들은 일자리가 있는 공장과 도시로 이동하였으며 사회구조의 변화도 뒤따랐다. 기존의 농업 위주의 사회는 공업사회로 변화하며 자본주의 발전이 시작되었다.

1750년을 기준으로 비교해 보면, 그 이전 약 3,000년의 기간 동안의 경제성장은 연 0.01%였지만 1750년 이후 전세계의 GDP는 약 50배 가량 증가했다. 1970년 이전까지 인당 GDP의 증가율은 연 1.5%밖에 되지 않았고 평균적인 경제규모가 두 배로 증가하는 데에 약 6,000년이 걸렸다. 반면 1750년 이후에는 경제규모가 두 배로 증가하는 데에는 50년밖에 걸리지 않았다. 그 원인은 18세기 중반 시작된 산업혁명에 있었다. 산업혁명은 증기기관을 발명했고 방직기계와 철도를 만들어냈다. 19세기의 대량생산의 시대가 등장하면서 전기의 사용과 상수도시스템이 갖추어졌다. 이후 20세기 중반, 1950년 즈음에는 IT혁명이 이루어졌으며 이는 개인컴퓨터와 인터넷을 만들어냈다.

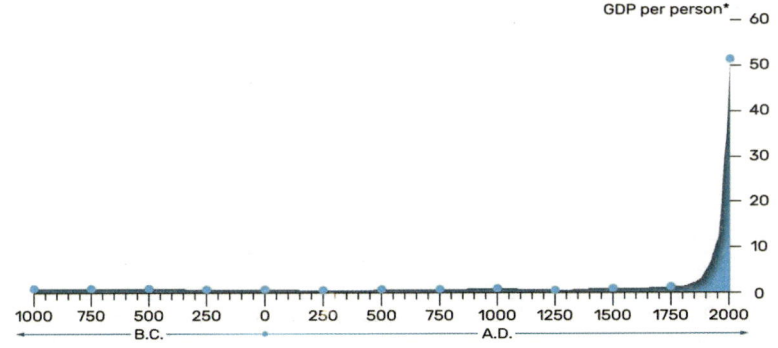

〈 전세계 1인당 GDP 증가율
https://www.bankofengland.co.uk/knowledgebank/how-has-growth-changed-over-time, 2021. 6. 18.〉

이러한 갑작스럽고 빠른 성장은 인류의 삶을 윤택하게 만들었지만, 한편으로 생산되는 상품과 서비스의 양에 상응하는 많은 자원을 소모했고, 그 과정에서 오염물질이나 폐기물과 같은 부산물들도 만들어내게 되었다. 아울러, 생산방식의 변화는 인류의 삶 자체 또한 바꿔놓게 되었다. 농업시대와 공업시대의 삶의 방식은 완전히 다르며, 이는 물리적인 환경의 변화와 그에 따른 기반시설의 생산을 요구했다.

예컨대 대규모의 밀집된 소비를 유발하는 도시는 공업시대의 발명품이다. 1800년대 이전까지 영국사회는 농업 위주의 사회였고 도시 인구는 전체 인구의 20% 정도였다. 그러나 1851년의 조사에 따르면 전체 인구의 54%가 도시에 거주하였고 1911년에는 전체 인구의 79%가 도시에 살고 있었다고 추정된다. 1801년부터 1911년까지의 기록으로 추정해보면 전체 인구가 4배 증가하는 동안 도시 인구는 9.5배 증가했다.

이러한 과밀 추세에 따라 사람들의 삶은 점점 농촌 주거보다는 도시 주거 형식으로 이루어지게 되었다. 20%였던 도시화율은 현재 80%까지 치솟았고 도시는 과밀에 따른 문제를 해결하기 위해 고밀도의 공동주택, 상하수도, 도로와 같은 사회기반시설을 갖추게 되었고 이 과정에서 다시 생산과 소비가 이루어졌다. 사람들이 더 나은 주거 환경을 찾아 발달한 교통수단에 의지하여 교외로 나가기 시작하면서 교외에 주택단지들이 지속적으로 건설되었다. 도시는 점점 더 확장되었고 특히 2차 세계대전 이후 전쟁 중의 파괴로 인해 주택 수가 부족해지면서 대량 주거의 공급이 시급해졌다.

영국에서는 1947년부터 1950년 사이에 백만호의 주거지 공급을 목표로 열네 곳의 신도시가 건설되었다. 도심재개발도 활발히 진행되었는데, 1951년까지 런던의 처칠가든(Churchill Garden) 주거단지, 뉴타운인 할로우(Harlow), 런던의 로햄프턴(Roehampton) 지구에 고층 주택이 대량으로 건설되었다. 이 모든 과정은 도시에 밀집된 인구를 부양하기 위해 대량생산과 대량소비를 수반하는 과정이었으며, 이후에도 세계 GDP의 지속적 증가와 더불어 생산량과 소비량의 증가도 계속되었다.

그러나 지구는 유한하며, 지구에서 감당할 수 있는 생산과 소비의 규모는 제한되어 있다. 1972년 출간된 〈성장의 한계(Limits to Growth)〉에서 지적됐듯이 인구수와 자본의 수준은 영원히 지속될 수 없지만 충분히 긴 시간을 고려하여 자원들을 현명하게 관리한다면 그 지속의 한계는 상당히 연장될 수 있다. 고갈과 오염을 최소 수준으로 유지하면 인구수와 자본의 수준을 최고 수준으로 향상하거나 전체 사회가 요구하는 목표 수준인 평형상태로 유지시키는 기간을 증가시킬 수 있다.

장기적인 평형상태에서 인구와 자원의 상대적인 수준, 그리고 땅,

물, 광물자원과 같은 고정된 제약조건은 조절될 수 있고 모든 사람이 지속가능한 수준에서 살기에 충분한 식량과 구체적인 생산이 가능할 수 있다.

달리 말하자면 지구는 유한하고 지구가 감당할 수 있는 인구수와 생산에는 한계가 있으므로 인류의 생산과 자원 소모 수준을 모든 사람이 삶을 살 수 있는 필요한 최소 수준으로 유지하여야만 인류의 존속이 가능하다. 이때의 자원의 소모란 생산에 필요한 자원뿐만 아니라 생산 과정에서 발생하는 폐기물과 이를 재사용하거나 처리하는데 드는 비용까지 포함하는 개념이다. 지구가 유한하다는 인식이 확산되면서 지속가능한 소비와 생산의 필요성이 대두되기 시작하였다.

2. 보편적인 선의

ESG는 완전히 새로운 개념이라기보다는 이전부터 있어왔던 윤리의식의 연장선상에 있다고 볼 수 있다. 경영 분야에서 ESG와 유사하게 쓰이고 있는 단어로는 기업의 사회적 책임(Corporate Social Responsibility), 사회책임투자(Socially Responsible Investing) 등이 있다. 기업의 사회적 책임을 강조하는 이들은 기업이 가지는 자본과 영향력을 사회에 긍정적인 방향으로 연결하고자 하고, 투자 또는 기업

활동을 통하여 이윤을 추구할 뿐만 아니라 투자 활동 또는 기업 활동의 윤리적인 측면을 강조한다.

윤리를 강조하는 경향은 근래의 소비자들에게서도 나타나고 있는데, '가치 소비'가 그것이다. 소비자들은 자신의 구매력을 활용하여 선한 행동을 하고 사회에 기여하는 기업을 지지하고, 그런 기업이 더 많은 이익을 얻도록 한다. 시쳇말로 '돈쭐낸다'라고 표현되는 윤리적 소비는 소비자들이 상품을 구매하는데 있어 해당 상품이 만들어지는 과정과 상품의 판매자가 가지는 가치까지 구매하는 것으로서 해당 상품의 효용뿐만 아니라 그에 내재되어 있는 가치까지 고려하여 소비하는 행위이다.

여러 상품들 중 어떤 특정한 상품을 선택함으로써 소비자는 특정한 환경적, 노동 관습을 수용하거나 거절하고, 그들이 선택한 윤리적 가치들을 주장한다. 이러한 일련의 선택은 생산자들이 소비자들이 선택한 가치에 맞는 생산과정을 만들어내는 유인이 된다. 윤리적 소비 운동의 성공적인 결과는 유전자 조작이 되지 않은 식품, 공정무역 커피, 동물실험을 하지 않은 화장품 등의 결과를 만들어냈다.

윤리적 가치에 기반을 두고 경제적 선택을 하는 것은 최근에 생긴 트렌드라기보다는 오래 전부터 있어왔던 가치 추구의 방법 중 하나였다. 수익을 추구하는 재무 투자에 있어서도 마찬가지로, 그들은 기업에게 영향을 미치고자 했다.

20세기의 사회적으로 책임 있는 투자는 종교적인 배경을 가지고 전개되었다. 감리교도와 퀘이커교도들은 신앙에 기초한 투자 가이드라인을 수립했고 다른 수도회들도 곧 유사한 투자 가이드라인을 도입하였다.

18세기에 영국에서 태어난 신학자이자 감리교의 창시자인 존 웨슬리는 윤리적으로 이익을 추구하여야 한다고 강조하였다.

"우리는 어떤 경우에라도 반드시 건강한 마음이 깃든 정신을 유지해야 합니다. 따라서 우리는 신이 주신 규칙이나 국가의 법률에 반하는 잘못된(sinful) 거래를 하여서는 안 됩니다. 우리는 우리 이웃의 신체를 상하게 함으로써 이익을 얻지 않을 것입니다. 따라서 우리는 건강을 해치는 경향이 있는 것들은 판매하지 않을 것입니다. 예를 들어 모든 종류의 독주 같은 것들입니다."

그는 윤리적인 방법으로 돈을 벌 것을 강조했고, 해악을 만들거나 법을 어기는 방식으로 돈을 버는 것은 옳지 않다고 이야기했다. 경제 활동은 정당한 것이지만 근면하고 윤리적인 방식으로, 종교적인 가치를 가지고 추구되어야 한다고 주장하였다.

인간은 오로지 이익에 따라 경제적 선택을 한다는 고전 경제학의 이념과는 달리, 과거에도 신념에 따른 투자는 존재했다. 이러한 선택은 오롯이 경제적인 가치에 따른 선택이라기보다는 경제적인 효용이외의 종교적 신념이나 개인적인 믿음과 같은 가치들을 추구하는 과정에서 일어난 선택이었다.

초기의 기독교시대부터 오늘날까지, 유태인 지도자들은 윤리적 투자에 대한 구체적인 방법을 가르쳤다. 감리교 신자들, 퀘이커 교도들, 종교적 신념에 기반한 투자자들은 지속적으로 그들이 '죄 있는 주식들(sin stock)'이라고 이름붙인 주식에 투자하는 것을 피해왔는데, 이는 알코올, 도박, 담배, 전쟁과 관련된 물품을 생산하는 산업을 포함했다.

수백 년 전 태동한 ESG는 윤리적인 경제활동을 추구하고 시장경제 시스템 안에서 선한 영향력을 만들어내려는 사람들의 의지로 인해 점점 더 퍼져나갔으며, 일련의 사건을 겪으면서 그 개념이 구체화되었다.

3. 선한 의도의 사회화

1929년 월스트리트 대폭락으로 시작된 대공황은 세계 경제에 큰 영향을 미쳤다. 생산량이 감소하고 실업률이 증가해 사람들에게 고통을 안긴 것뿐만 아니라 경제시스템에 대한 태도에도 변화가 있었다.

대공황은 1930년대에 미국뿐만 아니라 전세계에 경제적으로 큰 타격을 안긴 사건이었다. 1937년 미국의 국내총생산은 10퍼센트 이상 감소했고, 실업률은 20퍼센트를 넘었다. 산업생산량 또한 32퍼센트 감소하였다.

대공황 기간 동안 미국은 4차례의 금융공황을 경험하였으며 미국 경제 전반이 영향을 받았다.

대공황은 모든 사람에게 경제적 안정과 힘든 시기에 잘 버티는 것이 삶이나 부를 담보로 위험을 감수하는 것보다 낫다고 생각하게 했다. 게다가 유럽과 일본에서 전체주의 사상이 출현함으로써 미국인들은 민주주의의 가치와 평범한 사람들의 훌륭함을 재발견했다.

대공황을 극복하는 방법으로 루즈벨트 정부가 정부의 시장개입과 일자리 제공 등을 통해 경제를 회생시키기 위해 노력하면서 '시장의 건강한 균형'이 항상 제때 적절하게 만들어지는 것은 아니고 정부의 개입이 필요하다는 인식이 퍼졌다. 정부나 기업 같은 영향력 있는 주체들이 경제에 대해 더 큰 책임감을 가질 필요가 있다는 인식이 확산되었다. 예컨대 록펠러 재단이나 카네기 멜론 대학교와 같은 시설들은 미국의 재벌들에 의해 사회적 기여 활동의 일부로서 만들어졌다. 록펠러 재단은 1913년 설립되어 다양한 분야의 사회사업을 시작하였다.

자선활동의 정당성이 확립되기 이전이었음에도 불구하고 박애주의자들이 제공한 혜택은 지역사회와 다양한 그룹들에게 인지되었다. 1929년의 대공황은, 전통적인 이익 극대화 경영에 추가적으로, 공공 신탁 경영을 소개하면서 박애주의적 경향을 더욱 강화하였다.

 한편 대공황 기간 동안 기업이 가지고 있는 거대한 경제적, 정치적, 사회적 영향력에 대한 우려가 나타났다. 거대 기업들에게 책임 있는 행동을 요구하기 위한 많은 시도들이 있었고, 투자 부문에서도 스크리닝 등 투자 기법이 발달하고 사회적 책임 요소들을 투자 포트폴리오에 반영하고자 하였다. 18세기부터 이어오던 퀘이커 교도와 감리교도들의 방법론이 일반화되어갔다.

 또한 대공황 기간 동안의 기업 파산이나 회계부정과 같은 많은 스캔들은 기업의 운영 자체가 건실하고 올바른 방식으로 이루어지고 있는지에 대한 관심을 만들어냈다. 기업들이 유동성을 확보하기 위해 투자은행과 상호 의존적인 관계를 맺고 있었고 이는 대공황이라는 특정한 상황에서 주식시장의 파산과 뱅크런에 의해 기업들이 줄도산 하는 결과로 이어졌다. 투자자들은 막대한 손실을 입게 되었고, 사회적 책임투자에서는 '사회'보다 '책임'이 강조되었.

 대공황이 시작되면서 피라미드형 지주회사제도의 문제점, 특히 재무구조상의 문제점이 드러났다. 지주회사는 주로 투자은행이나 은행으로부터 자금을 빌려 자회사의 지분을 획득하는 방식으로 운영되었다. 투자은행들이 일반 투자자들의 자금을 끌어 모으는 과정에서 부실한 투자자 보호 장치로 인해 많은 편법이 동원되었다. 즉, 지주

회사와 투자은행이 상호 복잡하게 연계되어 있었다. 복잡한 자금유치과정을 무시한다면, 투자은행을 비롯한 금융기관은 회사채를 인수하거나 대출을 해주는 방식으로 지주회사에 자금을 공급하고 그 기반은 미래에 예상되는 자회사로부터의 배당금이었다. 그런데 대공황으로 인해 자회사의 유동성 부족 문제가 불거지면서, 모회사에 대해 배당을 지불하지 못하게 되었다. 이로 인해 모회사는 채무 상환불능 사태에 빠지게 되었고, 피라미드형 지주회사의 경우 연쇄부도가 불가피했다.

대공황에 이은 2차 세계 대전의 경험은 케인즈주의적인 시각에 힘을 실어주었다. 정부가 시장에 개입하여 인플레이션과 디플레이션을 완만하게 조절하는 것이 필요하다는 시각이었다. 케인즈주의는 수요 측면을 고려하는 이론으로서 단기간의 경제 변동에 초점을 두었다. 투자를 결정하는 요소는 금융정책뿐만 아니라 미래에 대한 기대감도 있다고 주장하였으며, 또한 고용을 촉진하기 위한 정부의 개입을 주장하였다.

1946년 2월 20일 트루먼 대통령은 2차 세계대전의 종전 후 군인들이 미국으로 돌아오면서 대량의 노동력이 생기는 것을 감안하여 '고용법(Employment Act)'을 입안하였다. 이 법은 최대한의 고용, 생산, 구매력을 촉진하고자 하였다. 이 법의 입안은 개인의 경제적 안정을 위한 일자리와 고용에 대해 정부의 책임을 명확하게 보여주는 사건이었다. 경제를 단지 시장에 맡겨두지 않고 정부가 적극적인 개입을 통하여 문제를 해결하거나 완화하겠다는 것이었다.

사회적 가치의 재발견과 정부의 시장 개입이 받아들여지면서 기업 또한 사회적 책임을 가지고 있다는 시각이 확대되었다. 대공황과 2차 세계대전이라는 역사적 사건은 정부와 기업이 사회적 책임을 가지고 있고 비재무적 요소에 대하여서도 고려하여야 한다는 시각을 일반화하였다. 이러한 시각은 기업뿐만 아니라 투자자들에게도 자연스럽게 퍼져나갔다.

2차 세계대전이 끝난 이후 전쟁에서 회복하면서 사회는 많은 변화를 겪었다. 전쟁 자체가 인간 본성에 대한 회의를 불러오기도 했다. 1960년대에는 미국에서는 베트남 전쟁 반대, 여성참정권에 대한 부각, 시민권의 향상이 있었고 기업에 의한 환경 재난들도 발생했다. 사람들의 의식에도 정치적으로 많은 변화가 있었다. 이러한 사회적 변화에 따라 사회적 책임 또한 강조되었다. 이러한 문화적 변화는 투자자들과 기업에게 사회적 책임의 중요성을 각인시켰고, 사회적 책임을 충족하는 방법들에 대한 논의들도 함께 시작되었다. 사회적 책임 투자에 대한 논의도 그 일환으로 이루어졌다.

1960년대에는 시민운동과 반전시위의 대두가 투자자들에게 기업의 행동에 영향을 미칠 때의 주주권익옹호(그들에게 중요한 사안에 대해 목소리를 내는 것)를 고려하게 촉진했다. 예컨대 베트남 전쟁 반대자들은 대학교 기부기금에게 방위산업을 투자 포트폴리오에서 제외하라고 촉구하였다.

당시의 하위문화 중 하나였던 히피 문화 또한 같은 흐름에 있는 현상으로 볼 수 있다. 히피들은 기존의 체제에 반대하면서 반전과 평화를 외치며 자연주의적인 생활양식을 영위하고자 했다. 특히 미국에서 베트남 전쟁 등을 목격하면서 반전 운동 등을 주장하였다.

히피는 60~70년대에 걸쳐 있었던 반문화 운동 또는 그에 참여한 사람들을 이르는 말로, 그들의 상당수는 10~20대의 중산층 백인 청년들로 인구학적으로는 베이비붐 세대에 속한다. 그들은 물질주의와 억압이 지배하는 중산층 사회에서 소외되었다고 느꼈다.

당시의 히피들은 반전 운동을 이끈 문화집단이자 나이가 들면서 원래 속했던 중산층 사회로 돌아간 시민들이기도 했다. 20대를 지나고 30대에 접어든 히피들은 그들의 출신인 중산층 사회로 돌아갔고 사회에 진출했으며 기업과 투자기관에도 취업하였을 것이다. 그들은 다시 중산층 사회에 속하였으나, 10~20대 시절의 히피 문화의 경험, 반전운동의 기억과 당시에 만들어진 반전, 평화 등의 가치 체계가 삶의 전반에 걸쳐 영향을 미쳤을 것으로 생각된다.

70년대 중반 히피 운동이 쇠락하면서 그들의 자리는 80년대의 여피로 대체되었다. 70년대에 20대를 보낸 히피들이 80년대부터 사회에 진출했다고 가정한다면, 이후 기업 등에 있어 사회적 책임이나 환경 이슈가 부각된 데에는 60~70년대의 히피 운동도 영향을 미쳤다고 볼 수 있다.

1970년대에 투자자들과 기업가들은 사회적 책임에 대해 다시 생각하기 시작했고 그 결과 사회적 책임은 주변적인 논의로부터 우선적인 고려 대상으로 변화하였다. 사회책임투자(Social Responsible Investing)는 틈새전략에서 일반적인 투자 철학으로 변화하였다.

1970년대에는 남아프리카공화국의 인종분리정책인 아파르트헤이트에 반대하기 위해 남아프리카공화국에 대한 투자를 철회하는 움직임이 있었다. 이 때 탄생한 것이 설리번 원칙인데, 이는 투자를 위해서는 투자를 받는 회사가 인종에 상관없이 모든 근로자를 동등하게 대하고 환경을 고려하는 것을 투자의 조건으로 한다는 원칙이다. 투자 철회 운동에는 개인뿐만 아니라 기관들도 참여하였고, 남아프리카 공화국에서 인종분리정책이 폐지되는 데에 일조하였다. 이는 투자를 통해 실제 사회에 변화를 이끌어낸 한 사례로서 윤리적인 동기가 투자로 이어지고 이를 통해 세상에 변화를 만들어냈다.

1980년대에는 체르노빌 원전사고, 보팔 가스누출사고, 엑손 원유 유출 사고가 기업의 책임, 기후변화나 오존층 파괴 등과 관련된 위협에 대해 보다 더 신경쓰게끔 하였다.

엑손 원유 유출 사고는 1989년 3월 24일 엑손의 유조선이 알래

스카의 프린스 윌리엄 만에서 좌초되면서 막대한 양의 원유가 유출되었던, 최악의 원유 유출 사고 중 하나이다. 유출 이후 원유가 만을 뒤덮었고, 바닷새와 물고기들을 비롯한 수많은 해양생물들이 피해를 입었다. 유출된 원유를 분해하거나 닦아내거나 소각하는 등 피해를 회복하려는 노력이 이루어졌지만 원유 유출로 인한 피해는 이미 거대했으며 지역 생태계에 대한 영향은 아직까지도 지속되고 있다는 견해가 있다.

일련의 사건들은 전통적인 투자 전략에 대하여 책임 투자 요소들을 더 적용하도록 촉진하였다. 퀘이커 교도를 비롯하여 종교적인 신념에 기반하여 가치를 추구하는 투자 전략이 점점 더 확장되었고, 의식 있는 투자자들 사이에서는 그들의 신념에 반하는 사업을 영위하는 회사에는 투자하지 않는 방식이 대중화되었다. 아울러 나쁜 투자를 하지 않는 것을 넘어 좋은 투자를 하려는 움직임도 일어나기 시작했다.

1984년에는 이전에 퀘이커 교도였던 UK life office friends provident가 Friends Provident Stewardship Fund를 출범하였는데, 그들이 투자를 통해서 이루고자 한 목표는 사회에 긍정적으로 영향을 미치는 회사를 지원하고, 부정적인 영향을 미치는 회사를 회피하며, 회사들이 윤리적이고 책임 있게 행동하도록 응원하는 것이었다. 이 세 가지 목표는 엄청나게 중요한데, 그들이 투자 목록 구성에 있어 책임성이 강조되었음을 설명하기 때문이다. 이전에 책임 있는 투자는 네거티브 스크리닝을 통해 배타적으로 구성된 반면 포지티브 스크리닝이나 관여와 같은 새로운 전략은 투자자들의 위험에 대한 파악과 잠재적인 수익을 강화할 수 있는 기회로 보였다. 이 새로운 전략들은 지금까지 발전을 이어오고 있다.

기업과 상관없이 국제기구나 비영리단체에서도 환경과 사회를 고려하자는 움직임이 만들어졌다. 1987년에는 세계환경개발위원회가 개최되었는데, UN 브룬트란트 위원회가 발간한 보고서 〈우리 공동의 미래(Our Common Future)〉는 빈곤감소, 성평등, 부의 재분배를 추구하는 방식으로 인적 자원을 개발하는 것이 환경 보전에 필수적이라고 주장하였다. 또한 '지속가능한 개발'의 정의가 소개되었는데, '미래세대가 그들의 욕구를 충족할 수 있는 기반을 저해하지 않는 범위 내에서 현세대의 요구를 충족하는 개발(Development that meets the needs of the present without compromising the ability of future generations to meet their own needs)'이 그것이다.

1989년에는 영국에서 ECCR(The Ecumenical Council for Corporate Responsibility)이 설립되었다. 이 위원회는 필리핀에 본사를 둔 한 영국회사에서 행해지고 있는 비윤리적 관습에 대해 알게 된 산업분야에 있는 목사들에 의해 만들어졌다. 목사들은 현장 경험을 통해 좋은 회사는 어떤 것인지, 기업의 사회적 책임은 무엇인지의 정의를 만들고자 했다. 여기서부터 ECCR은 주주들의 결정을 향상하려고 하거나 기업의 사회적 책임에 대한 기준을 찾는 기업과 국가에 활발하게 관여하기 시작했다.

1992년에는 리우데자네이루에서 172개 정부가 참여하는 대규모 환경 컨퍼런스인 리우서밋이 유엔이 주관한 정상회담 형식으로 개최되었다. 회담의 메시지는 '다른 무엇보다도 우리의 태도와 행동의 변모가 지구의 보존을 위해 필요한 변화를 가져올 수 있다.'는 것이었는데, 이는 전세계로 전파되었다. 또한 '기후변화에 관한 유엔 기본 협약(United Nations Framework Convention on Climate Change)'과 '생물다양성 협약(United Nations Framework Convention on Biodiversity)'이 채택되었다.

1993년에는 투자자들이 펀드매니저에게 인종분리정책을 이유로 남아프리카공화국의 회사들에 투자하지 말라는 압력을 행사하였다.

1997년에는 유엔 산하에 Global Reporting Initiative가 설립되어 기업이 책임 있는 환경적인 행동 원칙을 고수하는지를 확인하기 위한 최초의 회계책임 메커니즘을 만들어냈다. 이는 향후 사회적, 경제적, 거버넌스와 관련된 사안으로 확장되었다. 아파르트헤이트에 반대하는 투자자들의 행동은 설리번 원칙이 만들어지는 데까지 이어져 인권보호에 큰 영향을 미쳤다.

2000년에는 노르웨이 정부 연금펀드와 미국에서 가장 큰 연금 펀드인 CalPERS가 15년 후 지속가능성 원칙을 100% 통합할 것을 약속하였다.

한편 투자자들 사이에서도 관련된 인식이 높아져감에 따라 다양한 투자수단이나 기법들을 개발하였다. 2차 세계대전 이후 1990년대에 이르기까지 많은 정치적 변화, 문화적 발전, 환경적 스캔들과 역사적으로 중요한 사건들을 겪으면서 기업의 사회적 책임과 이를 정착시키기 위한 책임 있는 투자에 대한 인식은 높아져갔다. 책임 있는 투자는 일반적으로 추구하는 목표가 되었으며, 이를 위한 수단들이 만들어지는 토양을 제공하였다.

투자자들 사이에서 사회적으로 책임있는 투자에 대한 인식이 높아져감에 따라 관련된 연구들도 함께 진행되었다. 1990년대 이후 많은 연구들이 조사와 연구에 기반한 ESG 통합을 통해 창출할 수 있는 재무적 성과에 대하여 연구하였다. ESG 통합이 어느 정도의 가치를 가지는지 그 가치를 어떻게 측정할 수 있는지 등 다방면의 연구가 이루어졌다.

2002년 엔론 스캔들과 미국의 '사베인스-옥슬리 법(Sarbanes-Oxley Act)' 이후 기업의 거버넌스 수준이 장기적인 운영성과를 결정하는 중요한 지표로 떠올랐다. 기관 투자자들은 그들의 투자에 대한 리스크를 평가할 때에 기업의 거버넌스에 대해 중요하게 생각하고 높은 수준의 거버넌스를 가진 기업에 프리미엄을 지불할 용의가 있다고 판단했다. 결과적으로, 더 높은 수준의 거버넌스를 가진 기업에 대한 요구가 커졌다.

1985년 탄생한 엔론은 당시 파산 전까지 혁신적이고 전도유망한 기업으로 평가받아왔지만, 부실한 재정 상태를 회계부정을 통해 의도적으로 숨겨왔다는 것이 드러나면서 큰 파장을 불러일으켰다. 엔론의 회계부정 사건은 '사베인스-옥슬리 법'의 제정으로 이어졌는데, 이 법에서는 기업의 회계를 감독할 별도의 이사회를 두고 감사인의 독립성을 확보하며, 재무공시를 개선하는 등 기업이 회계부정을 저지르지 못하도록 하기 위한 여러 방안을 마련하였다. 기업의 회계부정 등 내부적인 부패는 거버넌스에 문제가 생겼으며 기업 스스로 그것을 해결할 자정능력을 갖추지 못했음을 의미한다. '사베인스-옥슬리 법'은 기업의 부정을 외부적인 개입과 감시를 통해 방지하기 위한 목적이다. 기업의 거버넌스가 기업의 지속과 성과 창출에 중요하며, 전도유망한 기업이라 할지라도 제대로 작동하지 않는 거버넌스는 기업의 미래를 약속하지 못한다.

4. ESG 선언

 2004년 6월 유엔환경계획 금융 이니셔티브(United Nations Environment Programme Finance Initiative, UNEP FI)는 'The Materiality of Social, Environmental and Corporate Governance Issues to Equity Pricing'이라는 제목의 보고서를 발간하였다. 2003년 4월부터 1년여의 준비기간을 거쳐 작성된 이 보고서에서는 환경, 사회, 기업 거버넌스(ESG)에 대한 판단 기준을 포함하는 자산 관리에 대한 접근은 윤리적인 이유뿐만 아니라 투자 성과와 관련이 있거나 있게 될 것이라고 주장한다.

 보고서에서는 재무적으로 실체적인 영향력을 가진 이슈 또는 기준을 선별하였는데, 기후변화, 직장 또는 공공보건 이슈와 질병, 인권 및 노동권과 정치적 권리, 기업신뢰와 기업 거버넌스에 관련된 이슈가 그것이다.

 UNEP FI는 매년 overview라는 연례 보고서를 발간하는데 2003년 보고서에는 자산관리 워킹 그룹(Asset Management Working Group)이 사회, 환경, 거버넌스에 대한 고려가 자산 관리에 충분히 통합될 수 있는지를 탐구하고 있다고 언급하고 있으며, 2004년 보고서에는 6월에 자산가격결정과 환경, 사회, 거버넌스 이슈와의 관계를 탐구한 기념비적인 보고서가 발간되었다고 언급하고 있다.

 잇따라 2004년 12월 공개된 'Who cares wins : Connecting

Financial Markets to a Changing World' 보고서에 따르면 코피 아난 유엔사무총장이 어떻게 환경, 사회, 거버넌스 이슈를 자산관리, 증권 중개 서비스 및 관련 연구 기능에 더 잘 통합할 수 있는지 가이드라인과 권장 안을 개발할 것을 금융기관들의 이니셔티브인 'Who cares wins'에 요청하였다. 이 보고서의 연구는 2004년 1월 코피아난 당시 유엔사무총장이 세계의 상위 55개 투자기관에게 ESG 이슈에 동참하도록 발언한 것에서 시작되었다. 해당 보고서는 투자를 위한 분석과 자산관리 등에 있어서 ESG 이슈를 고려하도록 권장하고 있다. 보고서에 따르면 ESG 이슈를 잘 다루는 기업은 사회의 지속가능한 발전에 기여하면서도 리스크를 관리하고, 규제를 미리 대비하고, 새로운 시장을 개척함으로써 주주가치를 향상시킬 수 있다. 게다가 ESG 이슈는 중요한 기업가치인 평판과 브랜드에도 강력한 영향을 미친다.

해당 보고서에서는 기관들은 환경, 사회, 거버넌스 요소에 대한 고려가 결과적으로는 지속가능한 사회발전에 기여할 뿐만 아니라 더 강하고 회복력 있는 투자 시장에도 기여한다고 믿는다고 기록하고 있다.

보고서에서 제시하고 있는 기업 및 투자 가치에 영향을 주는 가장 일반적인 ESG 이슈는 아래와 같다.

〈환경 이슈(Environmental issues)〉

- 기후변화와 관련된 리스크(Climate change and related risks)
- 유해물질의 방출 및 폐기물 감축의 필요성(The need to reduce toxic releases and waste)
- 제품과 서비스에 있어 환경적 신뢰도의 범주를 확장하는 새로운 규제(New regulation expanding the boundaries of environmental liability with regard to products and services)
- 적절하게 관리되지 않을 경우 평판 리스크를 유발할 수 있는, 운영성과, 투명성, 회계책임성을 향상시키라는 시민사회의 압박 증가(Increasing pressure by civil society to improve performance, transparency and accountability, leading to reputational risks if not managed properly)
- 환경서비스와 환경 친화적인 제품을 위한 새로운 시장 기회(Emerging markets for environmental services and environment-friendly products)

〈사회적 이슈(Social issues)〉

- 일터의 건강과 안전(Workplace health and safety)
- 공동체와의 관계(Community relations)
- 기업 및 공급자와 계약상대자의 전제에서의 인권 이슈(Human rights issues at company and suppliers'/contractors' premises)
- 개발도상국에서 운영하는 경우 해당 정부 및 공동체와의 관계(Government and community relations in the context of operations in developing countries)
- 적절하게 관리되지 않을 경우 평판 리스크를 유발할 수 있는, 운영성과, 투명성, 회계책임성을 향상시키라는 시민사회의 압박 증가(Increasing pressure by civil society to improve performance, transparency and accountability, leading to reputational risks if not managed properly)

〈거버넌스 이슈(Corporate governance issues)〉

- 이사회 구조와 책임성(Board structure and accountability)
- 회계와 정보공개 운영(Accounting and disclosure practices)
- 감사회 구조와 감사의 독립성(Audit committee structure and independence of auditors)
- 경영진 임금(Executive compensation)
- 부패와 뇌물 이슈에 대한 관리(Management of corruption and bribery issues)

보고서에 따르면 섹터마다 전통적이거나 새로 생겨나는 ESG 이슈가 다르다. 석유산업에서는 전통적으로는 원유 유출이나 이산화탄소 배출 문제가 있지만 새로운 이슈는 사회경제적인 영향, 정부와의 관계와 수익분배이다. 식품산업에서는 전통적으로는 식품안전, 브랜드와 평판리스크가 있지만 새롭게는 기능성 식품 규제, 저소득층의 식생활에서의 영양적 가치에 관한 이슈가 있다. 의약품 산업에서는 바이오안전성, 동물복지가 전통적인 이슈였지만 새롭게는 국가보건의료 체계, 특허권, 성분의 환경적 안전성 등이 대두되고 있다. 자동차 업계에서는 안전에 대한 요구, 이산화탄소배출 등이 전통적이고 새롭게는 이동성과 사회경제적 영향, 이산화탄소 배출 규제 등이 있다.

2005년 코피 아난 사무총장이 세계의 가장 큰 기관 투자자들에게 PRI(Principles for Responsible Investment)를 개발하는 프로세스에 참여할 것을 요청하였다. 12개 국가의 기관에서 온 20명의 투자자 그룹은 투자 산업, 정부 간 기구, 시민사회로부터의 70명의 전문가 그룹의 도움을 받았다. 이 원칙들은 2006년 4월 뉴욕거래소에서 공개되었다.

유엔의 PRI는 파트너십에 의한 투자자들의 이니셔티브(an investor initiative in partnership)이자 투자원칙으로서 6가지 원칙을 내세웠는데, ESG를 투자에 보다 적극적으로 도입하기 위한 것으로서 투자자들에 의해 투자자들을 위해 만들어졌다.

원칙을 이행함으로써, 참여자들은 더 지속가능한 전 지구적인 금융체계를 개발하는데 기여한다. 그 첫 번째 원칙은 ESG 이슈를 투자 분석과 의사결정 과정에 반영하는 것이다. 두 번째 원칙은 적극적인 주인이 되어 ESG 이슈를 투자하는 기업에 실현하는 것이다. 세 번째 원칙은 투자하는 기업을 통해 ESG 이슈에 대한 적절한 공개를 추구하는 것이다. 네 번째 원칙은 투자 산업에서 이 원칙들의 수용과 이행을 촉구하는 것이다. 다섯 번째 원칙은 원칙 이행의 효과성을 강화하기 위해 함께 일하는 것이다. 여섯 번째 원칙은 원칙을 이행하기 위한 활동과 성과들을 보고하는 것이다.

PRI는 강제성이 없는 자발적인 원칙이지만 60개 이상의 국가에서 100조 달러 이상, 3000명이 넘는 사람들의 서명을 모았으며 서명자는 현재도 늘어나고 있다.

ESG라는 용어가 만들어지고 확장되어온 과정을 관찰하여 보면 ESG는 윤리적 투자에 기반을 두고 있으며, 유엔이라는 범세계적 기관에 의해 지구 환경과 사회에 긍정적인 영향을 미치기 위한 가치판단의 기준으로서 만들어졌다.

UNEP FI의 보고서 작성 과정을 살펴보면 최초에는 재무 투자에 있어 환경적, 사회적 영향을 고려하였으나 보고서 작성 과정에서 기업의 거버넌스에 대한 고려도 중요하다는 아이디어가 추가된 것으로 판단된다. 재무 투자 분야에서 지속가능한 사회를 만들기 위해 고려하여야 하는 환경, 사회, 거버넌스 요소가 ESG라는 이름으로 정리된 후 이를 실천하기 위한 이니셔티브인 PRI가 발족하였고 현재까지도 국제적으로 ESG 보고서 작성 등에 있어 가장 많이 활용되는 기준으로 역할하고 있다. ESG라는 개념은 최초에는 재무투자에 윤리적 가치를 담아내기 위한 기준으로 만들어졌으며 점차 확장되어 기업들이 ESG 경영을 적극적으로 도입하는 데에 이르렀다.

이는 1900년대부터 있어왔던 종교적 신념에 의한 투자 기법 등과 결합하였고 1990년대부터 만들어진 윤리적 투자에 관련된 판단 지표 등을 활용하고 발전 양상을 보였으며 유엔의 적극적인 노력으로 인해 점차 일반적으로 받아들여지는 개념으로 확산된 것으로 보인다.

기업계에서는 ESG를 2010대부터 받아들였다. G&A Institute에 의하면 2011년에서 2019년 사이 지속가능성 보고서를 발간하는 S&P 500 인덱스 회사들의 수는 20%에서 90%까지 지속적으로 늘어났다. 점점 더 많은 투자자들이 기업에 목표, 전략, 경영수준에 관련된 ESG 요소의 재무적인 관련성을 인식하기 시작했고 ESG 운영성과를 투자 분석의 필수적인 요소로 만들었다. 그에 대한 결과로서 평가회사들은 기관투자자들과 이해관계자들이 기업의 ESG 운영성과를 측정하기 쉽도록 ESG 요소를 기업거버넌스 평가 시스템 안에 합칠 동기부여를 받았다. 국제 투자 전략과 기업거버넌스 평가 시스템 상에 ESG의 등장과 더불어 평가회사들은 독립적인 ESG 평가 시스템을 만들었고, 영리하게는 ESG 지표를 존재하는 기업거버넌스 시스템 안에 추가하고 경쟁우위에 머무르도록 새로운 이름을 붙였다. GMI와 ISS는 상대적으로 양 트렌드를 대표한다. 따라서 ESG 평가는 점점 CG평가를 대체하게 되었다.

2009년에는 임팩트 투자의 효과를 증진하기 위해 노력하는 비영리기관인 Global Impact Investing Network가 발족하였다. 2011년에는 비영리단체인 지속가능성 회계기준위원회(Sustainability Accounting Standards Board, SASB)가 지속가능한 회계기준을 개발하기 위해 발족하였다. SASB는 산업별로 우선되는 주제들을 정한 '중요성 지도(materiality map)'를 제공하였으며, 각각의 산업군 별로 활용할 수 있는 기준을 제시하였다.

2015년에는 유엔의 지속가능한 개발목표가 수립되었다. 유엔의 지속가능한 개발목표는 2030년까지를 기한으로 두고 빈곤을 종식하고, 지구를 보호하고, 모두를 위한 번영을 약속하는 세계의 중요한 변화의 청사진으로서 역할을 하며 여러 국가의 참여로 이루어진다. 또한 195개의 국가가 최초의 보편적이고 법적인 효력을 가진 국제 기후약속인 파리기후협약을 채택하였고, 이는 1997년의 교토의정서의 후속이었다.

2016년에는 1997년 창립된 GRI가 보고 가이드라인을 지속가능성 보고에 관하여는 경제, 환경, 사회적인 영향을 보고하는데 있어 최선의 국제관례를 대표하는, 규칙적으로 연결되어 있고 상호 연관된 구조를 특징으로 하는 최초의 국제기준으로 변화시켰다.

2017년에는 새로운 EU연금관리지침(EU Pension Directive)에서 회원국들이 '은퇴 준비를 위한 유럽연합의 연금기관들이 ESG 요소에 대한 투자결정의 잠재적인 장기적인 영향을 고려하게 한다'는 의무를 가지게 되었다. 또한 '기후변화 관련 재무정보 공개협의체'의 태스크포스가 탄소정보공개를 위한 권장 안을 출판하였다. 이는 거버넌스, 전략, 위험관리, 측정항목과 세부목표라는, 어떻게 조직이 운영되어야 하는지에 관해 핵심적인 요소들을 대표하는 4개의 주제에 기반하고 있다. 각각의 주제영역은 서로 연결되고 정보를 주고받도록 설계되었다.

2019년은 기업과 투자자들 사이에서 제기된 ESG 관련 사안에 대해 논의하는 것을 촉진하는 것을 주창하는 유엔의 지속가능한 증권거래소 이니셔티브의 10주년이었다. 대부분의 국제 증권거래소는 이 이니셔티브에 가입해 있다.

2020년은 지속가능한 재무에 관하여 전문가 집단이 개발한, 유럽연합의 분류체계의 최종보고서가 발간되었는데, 이는 분류체계에 대한 포괄적인 설계, 어떻게 기업과 재무기관들이 공개된 데이터의 범위를 향상하기 위하여 분류체계를 활용하여 정보공개를 할 수 있는지에 대한 가이드에 관한 권장을 포함한다.

2020년에는 코로나19가 사회적 요소에 대한 투자자들의 인식의 변화를 야기하였는데, 이는 장기적인 가치창출과 리스트 완화에 있어 중요하고 건설적인 영향을 미쳤다. 'Black Lives Matter'('흑인의 목숨도 소중하다'는 2012년 흑인 인권운동을 의미)시위 또한 기업이 장기적인 지속가능성 전략에 있어 근로자들에 대한 대우나 불평등을 포함하여, 사회적 이슈에 대해 접근하는 방식에 있어 상호연결에 대해 강조하였다. 진행되고 있는 환경과 관련된 사안들과 결합되어 있는 이러한 사건들은 ESG 투자에 있어 판도를 바꾸어놓은 역할을 할 것이다.

코로나19는 사회의 불평등을 강화하고 있으며, 생명권을 위한 백신의 수급에서조차 선진국과 개발도상국 사이의 격차를 만들어냈다. 그 결과, 충분히 백신접종을 하지 못하고 코로나 19를 제대로 통제하지 못했던 저개발국에서는 코로나19 바이러스의 변이종이 등장하였으며, 이는 팬데믹의 종말을 순연시켰다. 지구 전체가 코로나19에서 자유로워지려면 가급적 많은 사람들이 바이러스로부터 보호되어야 하며, 여기에는 저개발국의 사람들 또한 포함된다. 바이러스가 기세를 유지할수록 새로운 변이종이 나타날 가능성은 지속되며, 이는 코로나19의 극복을 더디게 할 뿐이다. 이러한 상황에서, 저개발국의 사람들의 건강과 생명에 대한 배려는 필수적이며, 단순히 자비로운 행동을 넘어 인류 전체의 이익이 달린 일이기도 하다.

2021년 세계 최대 자산운용사 블랙록의 래리 핑크 회장은 ESG 투자를 중요시한다는 서한을 공개했다.

> 기후 리스크는 투자 리스크이므로 지속가능성을 중심으로 하는 신규투자전략을 채택, 지속가능성 리스크가 높은 자산은 매각하고 화석연료를 제외할 수 있는 새로운 투자상품을 개발할 것이며, 스튜어드십 활동을 통해 지속가능성 및 투명성 강화에 더욱 힘을 실을 것입니다. 기업들이 스스로의 사회적 역할을 이해하는데 있어 목적의식의 정립과 이해관계자 관리는 더욱 더 중요해지고 있습니다. 제가 과거 서신을 통해 강조한 바 있듯이, 기업이 뚜렷한 목적의식을 갖고 폭넓게 이해관계자들을 아우를 수 있어야만 장기적인 이익 달성이 가능합니다. 뚜렷한 목적의식을 갖고 이해관계자들에게 헌신하는 기업은 고객들과 더욱 끈끈하게 소통할 수 있고, 변화하는 사회적 요구에 적응할 수 있습니다. 궁극적으로 기업의 목적의식이야말로 장기 수익의 원동력이 되므

로, 기업이 주요 이슈에 대해 적절하게 대처하지 않을 경우, 저희는 그 책임이 해당 기업의 이사회에 있다고 봅니다. 대규모의 자본 재분배가 예상되는 시점이 가까워짐에 따라, 기업들은 이러한 변화에 얼마나 준비가 되어 있는지를 주주들에게 명확히 공시할 책임과 경제적인 동기가 동시에 있습니다. 머지않아, 지속 가능성에 대한 투명성이 곧 기업의 자본 조달 역량과 직결될 것입니다. 이를 통해 투자자들은 어떤 기업들이 이해관계자 관리를 잘 하고 있는지 판단할 수 있을 것이고, 이에 맞춰 자본 흐름이 재편될 것입니다. 그러나 투명성만이 절대적인 목표가 될 수는 없습니다. 공시는 지속 가능하며 포용적인 자본시장을 구축하기 위한 수단이 되어야 합니다. 기업들은 기업 본연의 목적에 충실함과 동시에 주주, 고객, 직원 그리고 주변 공동체 등 주요 이해관계자들에게 최선을 다해야 합니다. 그러한 노력을 통해서만 기업은 주주와 직원, 나아가 사회 전체와 함께 장기적인 번영을 누릴 수 있을 것입니다. 〞

퀘이커 교도들의 종교적 신념에서 비롯된 윤리적 투자, 기업의 사회적 책임에 대한 강조, 소비자들이 구매력을 윤리적 가치를 추구하기 위해 사용하는 윤리적 소비, 최근 ESG라는 이름으로 기업에게 통합적으로 요구되는 책임 있는 기업 활동에 대한 성과 요구, 전 세계적인 팬데믹 상황에서의 대응에 이르기까지 책임 있는 행동은 오랫동안 추구되어 온 목표였다. 종교적 투자자들에서 시작되어, 사람들은 자신의 행동이 사회에 영향을 미칠 수 있다고 생각하였고 이를 구체적인 투자 행위, 기업 활동, 소비 등 일상의 선택들을 통하여 실천하고자 하였다. 이는 이윤만을 추구하는 합리적이고 경제적인 선택이라기보다는 윤리적인 측면에 초점을 둔 가치를 실현하고자 하는 것으로 볼 수 있다.

시장경제의 발전과 복지국가의 성숙이 함께 이루어지면서 이러한 추세는 앞으로 점점 더 강화될 것으로 보이는데, 이러한 추세에 발맞추어 책임 있는 기업 활동, 환경에 대한 보호, 윤리적인 거버넌스의 형성을 실천하는 기업들은 자금조달을 위한 투자유치를 비롯하여 기업의 성과 창출과 재무적인 이익의 획득에도 유리할 것으로 보인다. ESG에 대한 고려는 글로벌 스탠다드가 되어가고 있다. 세계경제는 점점 더 상호의존적이 되어가고 있는 상황에서 ESG를 적극적으로 도입하지 않는 기업은 글로벌한 시장경제에서 선택받기 어려울 것이다.

우리나라는 GDP대비 수출의 평균비율은 2016~2020년 5개년 평균 33.51%, 수입의 평균비율은 29.32%로 경제의 상당부분을 대외 무역에 의지하고 있는 나라이다. 글로벌 경제로의 교류는 필수적인 상황에서 ESG는 경쟁력을 확보하기 위한 필수적인 전략이다.

5개년 평균		2016		2017		2018		2019		2020	
수출	수입	수출	수입	수출	수입	수출	수입	수출	수입	수출	수입
33.51	29.32	33.03	27.08	35.34	29.48	35.06	31.02	32.84	30.49	31.28	28.55

〈우리나라 무역의존도 비율, 단위 : %, https://kosis.kr/〉

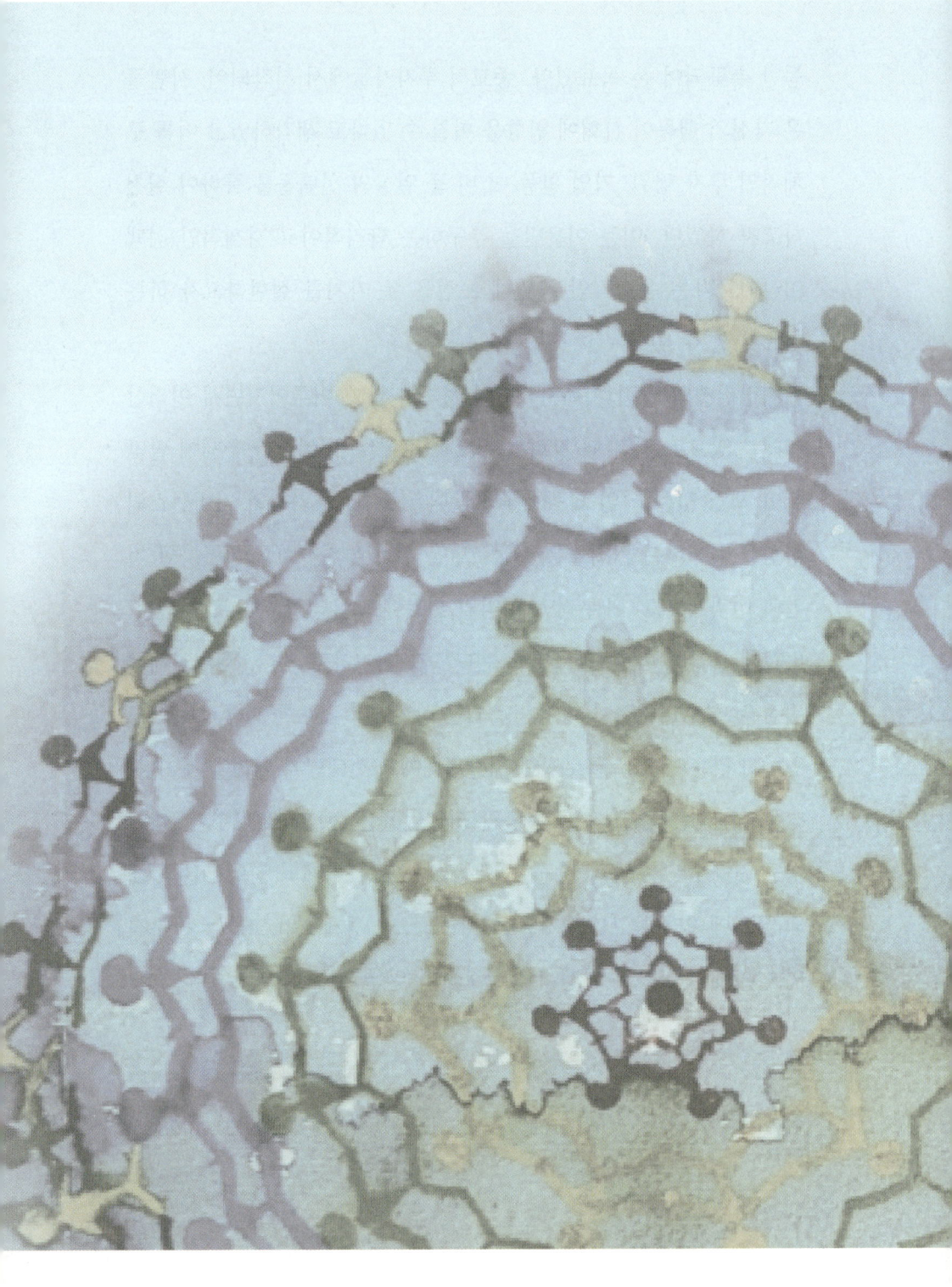

제4장

국내외 현황

1. 주요 기업의 ESG 실천 현황

2. 해외 제도 현황
   1) 정보공개
   2) 탄소배출권 거래제

3. 국내 제도 현황
   1) ESG 공시 의무화
   2) 탄소중립 정책

4. 금융계의 동향

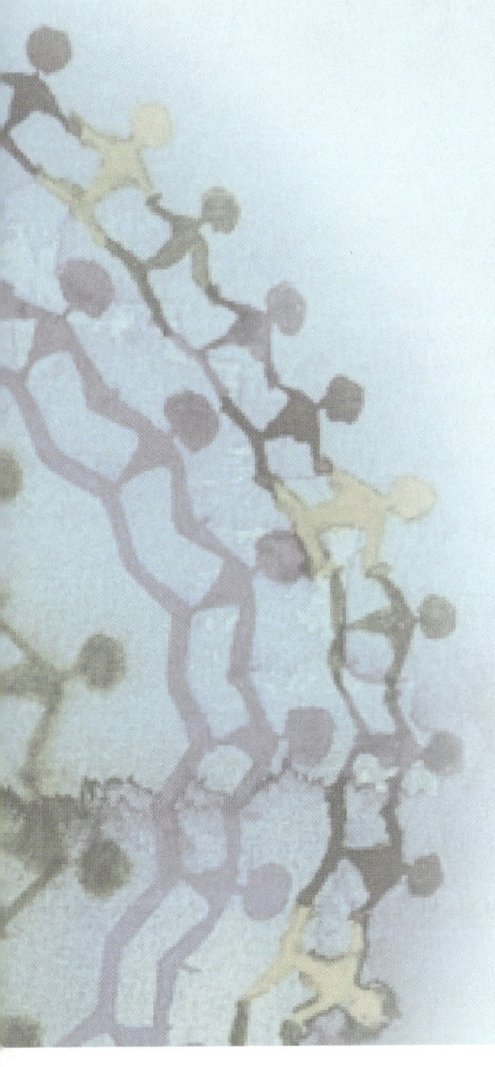

제4장. 국내외 현황

1. 주요 기업의 ESG 실천 현황

 ESG는 단순히 기업의 투자 촉진을 위한 수단이나 기업의 홍보용 경영 전략이 아니라 기업 가치에 통합해야 하는 범인류적 가치이다. 그리고 그 달성을 위해 여러 이해관계자들이 각자의 위치에서 노력해야 한다. 행정은 방향을 제시하고, 민간이 각자의 비즈니스밸류에 맞는 ESG 전략을 선택하도록 지원하며, 시장이 클 수 있도록 마중물 역할을 하고, 시장이 일정한 기준에 맞게 클 수 있도록 규범을 제시한다. 지속가능성이 미래의 새로운 윤리로 제시되면서 지속가능성을 보다 실용적인 차원에서 범주화한 용어로서 ESG는 미래를 위한 새로운 전략이다. 이미 세계 유수의 기업은 지속가능성 보고서 또는 ESG 보고서를 발간하고 있다.

이하에서는 현재 세계 각지에서 선도적 역할을 하고 있는 기업들이 실천하고 있는 ESG 경영을 분석함으로써 ESG의 현황과 나아갈 방향을 알아보고자 한다. 분석 대상은 미국, 유럽, 중국으로 지역을 구분하여 선정하였다. 각 지역 안에서 시가총액이 높은 순으로 가치주 5개 회사, 성장주 5개 회사를 선정하였는데, 가치주는 회사의 이익규모 대비 주가가 낮은 기업으로 기업가치에 비해 저평가되어 있는 주식이고, 성장주는 회사의 이익규모 대비 주가가 높은 기업으로 미래의 성장 가능성을 높게 볼 수 있는 주식이다. 가치주와 성장주는 P/E ratio(price/earning ration)를 기준으로 구분하였는데, P/E ratio는 주가를 1주당 순이익(EPS)으로 나눈 값으로, 기업의 순이익 대비 평가된 기업의 가치를 나타낸다. P/E ratio가 높으면 기업 가치가 고평가되어 기업의 미래의 성장 가능성에 대한 투자자들의 기대가 높다고 볼 수 있고, P/E ratio가 낮으면 기업의 가치가 저평가되어 있는, 현재 안정적인 상태에 이른 기업이라고 볼 수 있다. P/E ratio값은 산업 부문마다 각기 다른 평균수준을 나타내고, 경기변동이나 경제성장, 시기적 이슈에 따른 영향을 받아 지속적으로 변화한다.

기업들은 지역 및 산업부문을 구분하여 각 분류마다 P/E ratio값을 구하였으며, 이에 따라 산 산업 섹터의 기업들이 가치주인지 성장주인지를 판단하였다.

지역별, 산업별 평균 P/E ratio값은 아래와 같다.

	미국	유럽	중국
Basic Materials	23.15	40.53	50.58
Capital Goods	72.22	25.63	8.44
Communication Services	98.11	54.20	44.81
Consumer Cyclical	44.58	39.67	20.28
Consumer Discretionary	62.50	48.50	48.94
Consumer Staples	31.42	41.86	49.92
Consumer/Non-Cyclical	38.45	31.51	64.19
Energy	67.52	19.68	20.81
Financial	22.23	20.22	19.01
Healthcare	55.95	63.72	100.03
Industrials	42.48	46.46	49.18
Information Technology	64.70	68.64	87.30
Materials	36.23	59.90	36.25
Real Estate	67.07	29.94	13.81
Services	68.37	44.31	14.57
Technology	37.62	65.09	43.56
Transportation	45.47	31.90	33.54
Utilities	25.27	37.43	39.40

〈지역별, 산업별 평균 P/E 비율〉

지역별로 산업별 평균 P/E ratio값을 기준으로 지역별 상위 5개의 가치주 및 성장주를 선정하였다. 미국에서는 Apple, Microsoft, Alphabet, Facebook, Berkshire Hathaway가 시가총액 상위의 가치주이고, Amazon, Tesla, Louis Vitton ADR, Walmart, Paypal Holdings가 시가총액 상위의 성장주였다. 가치주의 산업 섹터는 Information Technology, Technology, Financial이었고, 성장주의 산업 섹터는 Consumer Discreationary, Consumer Staples, Information Technology였다.

각각의 산업별 프로파일은 아래와 같다.

미국		Name	Sector	Industry	Market Cap	P/E Ratio
가치주	1	Apple	Information Technology	Technology Hardware, Storage & Peripherals	2.22T	29.87
	2	Microsoft	Technology	Software & Programming	2.00T	36.07
	3	Alphabet	Technology	Computer Services	1.70T	30.99
	4	Facebook	Technology.	Computer Services	967.94B	29.25
	5	Berkshire Hathaway	Financial	Insurance (Prop. & Casualty)	639.93B	6.35
성장주	1	Amazon	Consumer Discretionary	Internet & Direct Marketing Retail	1.72T	64.73
	2	Tesla	Consumer Discretionary	Automobiles	647.23B	677.07
	3	Louis Vuitton ADR	Consumer Discretionary	Textiles, Apparel & Luxury Goods	405.10B	72.28
	4	Walmart	Consumer Staples	Food & Staples Retailing	388.18B	32.2
	5	PayPal Holdings Inc.	Information Technology	IT Services	340.20B	65.99

〈미국 상위 5개 기업별 프로파일〉

유럽에서는 OTP bank, Alphabet, Apple, MOL, Gedeon Richter가 시가총액 상위의 가치주이고 Amazon, Akelius Residential Pref, Berkshire Hathaway, CEZ as, Louis Vuitton 이 시가총액 상위의 성장주였다. 가치주의 산업 섹터는 Financial, Technology, Energy, Healthcare이고 성장주의 선업섹터는 Services, Real Estate, Financial, Utilities, Consumer Discretionary였다.

유럽		Name	Sector	Industry	Market Cap	P/E Ratio	nation
가치주	1	OTP Bank	Financial	Banks	4.62T	12.29	Hungary
	2	Alphabet	Technology	Computer Services	1.70T	28.82	United Kingdom
	3	Apple	Technology	Communications Equipment	1.65T	12.66	Germany
	4	MOL	Energy	Oil, Gas & Consumable Fuels	1.50T	13.96	Hungary
	5	Gedeon Richter	Healthcare	Pharmaceuticals	1.48T	14.99	Hungary
성장주	1	Amazon.com	Services	Retail (Catalog & Mail Order)	1.33T	191.58	Germany
	2	Akelius Residential Pref	Real Estate	Real Estate Management & Development	1.11T	289.26	Sweden
	3	Berkshire Hathaway	Financial	Insurance (Prop. & Casualty)	432.18B	21.27	Germany
	4	CEZ as	Utilities	Electric Utilities	340.55B	4.18K	Czech Republic
	5	Louis Vuitton	Consumer Discretionary	Textiles, Apparel & Luxury Goods	339.42B	72.22	France

〈유럽 상위 5개 기업별 프로파일〉

중국에서는 ICBC, China Construction Bank Co., China Merchants Bank, Ping An Insurance, Agricultural Bank China가 시가총액 상위의 가치주이고 Kweichow Moutai, Wuliangye, Amperex Tech, BYD, Foshan Haitian Food가 시가총액 상위의 성장주였다. 가치주의 산업 섹터는 Financial이었고 성장주의 산업 섹터는 Consumer Staples, Industrial, Consumer Discreationary, Consumer/Non-Cyclical였다.

중국		Name	Sector	Industry	Market Cap	P/E Ratio
가치주	1	ICBC	Financial	Regional Banks	1.86T	6.07
	2	China Construction Bank Co.	Financial	Regional Banks	1.69T	6.29
	3	China Merchants Bank	Financial	Regional Banks	1.42T	14.24
	4	Ping An Insurance	Financial	Insurance	1.21T	8.22
	5	Agricultural Bank China	Financial	Banks	1.07T	5.21
성장주	1	Kweichow Moutai	Consumer Staples	Beverages	2.63T	55.26
	2	Wuliangye	Consumer Staples	Beverages	1.16T	53.96
	3	Amperex Tech	Industrials	Electrical Equipment	1.11T	160.5
	4	BYD	Consumer Discretionary	Automobiles	668.37B	160.12
	5	Foshan Haitian Food	Consumer/Non-Cyclical	Food Processing	558.17B	82.77

〈중국 상위 5개 기업별 프로파일〉

분석의 틀

미국		유럽		중국	
회사명	대표개념	회사명	대표개념	회사명	대표개념
Apple	ESG	OTP Bank	Sustainability	ICBC	CSR
Microsoft	Sustainability	Alphabet	Sustainability	China Construction Bank Co.	CSR
Alphabet	Sustainability	Apple	ESG	China Merchants Bank	Sustainability
Facebook	Sustainability	MOL	Sustainability	Ping An Insurance	Sustainability
Berkshire Hathaway	N/A	Gedeon Richter	Sustainability	Agricultural Bank China	CSR
Amazon	Sustainability	Amazon	Sustainability	Kweichow Moutai	N/A
Tesla	Impact	Akelius Residential Pref	Sustainability	Wuliangye	N/A
Louis Vuitton ADR	Social and Environmental responsibility	Berkshire Hathaway	N/A	Amperex Tech	N/A
Walmart	ESG	CEZ as	Sustainability	BYD	CSR
PayPal Holdings Inc.	Impact	Louis Vuitton	Social and Environmental responsibility	Foshan Haitian Food	N/A

〈회사별 주요 지속가능성 개념〉

Aphabet은 개별적인 보고서에서는 환경 부문에 대한 내용을 다루고 있었지만 홈페이지에서는 사회적 활동에 대한 내용들도 게시하고 있다. Microsoft는 Environmental sustainability, CSR, Governance of Corporate로 각각 나누어 보고서를 제공하고 있다.

Tesla, PayPal Holdings Inc.는 보고서 제목에 Impact라는 단어를 채택했지만, PayPal Holdings Inc.는 ESG 항목을 보고서에 포함한 반면 Tesla는 ESG 항목 없이 환경과 사회적 영향에 대한 내용을 다룬다.

OPT bank는 Sustainability라는 항목으로 사회 부문과 환경 부문을 다루고 있었지만 별도의 거버넌스에 대한 보고서를 공시하였다.

MOL, China Construction Bank Co.은 ESG , Sustainability, CSR에 대한 별도의 보고서는 없었지만 연례보고서에서 Sustainability에 대한 내용을 포함하여 공시하고 있었다.

중국가치주들은 모두 은행인데, 공시된 레포트의 제목은 다 CSR 또는 Sustainability이지만 실제 내용은 ESG report를 별도의 항목으로 포함하거나 Governance, Environment, Social을 다 다루고 있었다.

미국		유럽		중국	
회사명	공시방식	회사명	공시방식	회사명	공시방식
Apple	report	OTP Bank	report	ICBC	report
Microsoft	report	Alphabet	report & webpage	China Construction Bank Co.	report
Alphabet	report & webpage	Apple	report	China Merchants Bank	report
Facebook	report	MOL	report	Ping An Insurance	report
Berkshire Hathaway	N/A	Gedeon Richter	report	Agricultural Bank China	report
Amazon	report	Amazon	report	Kweichow Moutai	N/A
Tesla	report	Akelius Residential Pref	report	Wuliangye	N/A
Louis Vuitton ADR	report	Berkshire Hathaway	N/A	Amperex Tech	N/A
Walmart	webpage	CEZ as	report	BYD	report
PayPal Holdings Inc.	report	Louis Vuitton	report	Foshan Haitian Food	N/A

〈회사별 정보공개보고서 형식〉

ESG 관련 내용을 공개하는 방식은 대부분의 기업은 별도의 보고서를 제공하고 있었으나 Alphabet은 보고서보다는 웹페이지 게시물에 대한 의존도가 높았고 Walmart는 웹페이지에만 관련 내용을 공개하였으면 별도의 보고서는 존재하지 않았다.

2. 해외 제도 현황

1) 정보공개

　ESG 요소에 대한 이해와 비판을 통합하는 다른 개념은 중요정보이론이다. 어떤 정보가 중요한 정보인지의 여부는 두 가지 측면을 통해 확인될 수 있다. 정보는 그것이 유가증권의 가치나 시장가격에 상당한 영향을 미칠 때, 혹은 그것이 유가증권의 가치나 시장가격에 상당히 영향을 미칠 것이라고 합리적으로 기대될 때 중요성을 갖는다. 미국의 증권거래위원회는 이러한 중요한 정보들은 사업 구조 내의 특정인에게 공개되기 이전에 시장 전체에 공개되어야 한다고 규정하였다.

　EU는 재무정보와 비재무정보를 통합하기 위하여 노력하였다. 2001년 유럽집행위원회는 기업의 연례보고서에 환경관련 정보를 공개하도록 하는 권고안을 채택하고 2003년에는 필요할 경우 기업이 환경이나 노동 등 비재무적 정보를 연차보고서에 싣도록 하는 회계지침을 통과시켰다. 이어 투자자에게 기업의 비재무적 성과에 관련된 정보를 제공하기 위하여 2014년 기존의 회계지침을 보완하는 EU 비재무정보공개지침(EU Non-Financial Reporting Directive, Directive 2014/95)을 도입하였는데 이는 유럽연합 내의 기업들이 환경 및 사회 문제, 부패스캔들이나, 이사회나 경영진의 다양성과 관련된 거버넌스 문제를 비롯하여 비재무적 정보들을 공개하게 하는 내용이었다.

ESG 정보공개에 대한 새로운 규제들은 전세계에서 빠르게 도입되고 있다. 예컨대 EU 디렉티브는 유럽 내 기업의 ESG 리포팅을 위하여 비재무적이고 다양성에 관한 로드맵을 만들었다. 2014년 로드맵이 최초로 공개된 이후 모든 EU 회원국은 국가 수준의 규제에 이를 도입하였고, 2017 회계연도부터 내부통제를 요구하였다. 근로자가 500명 이상, 자산이 2천만 유로 이상이거나 순회전율이 4천만 유로 이상인 모든 회사는 디렉티브의 대상이고, 그들의 지속가능성 전략의 목표, 이를 어떻게 적용하는지, 기업거버넌스선언의 중요한 부분인 정책 이행의 결과를 보고하여야 한다. 회사들은 이사회 구성원의 나이, 성별, 직업 배경 또는 교육 배경을 공개하여야 한다.

프랑스는 EU내에서도 연차보고서를 통한 기업 ESG 정보공시에 가장 적극적인 국가이다. 2001년 프랑스 정부는 사회책임투자와 기업의 사회적 책임을 촉진하기 위해, 연기금의 투자의사결정과정에서 ESG 요소의 고려 여부 공시를 의무화하면서 동시에 '신경제규제법(Les Nouvelles Regulations Economique Act, NRE Act)'을 도입하여, 상장기업이 연차보고서를 통해 환경 및 사회이슈를 공시하도록 의무화하였다. 그리고 2007년부터 산업계, NGO, 학계 등 이해관계자들이 참여하여 신경제규제법의 성과와 한계점을 파악하는 논의를 시작했다. 2010년 비재무정보 공시 대상과 공시 내용을 확대하는 방안을 포함한 'Grenelle II Act'를 제정하였고, 2012년 시행령을 발표하였다. 법안은 비재무정보 공시 대상을 기존의 상장기업에서 평균 임직원 500인 이상, 매출액 1,000만 유로 이상인 모든 기업으로 확장하였다. 그리고 의무 보고 내용도 사회(고용, 노동환경, 안전 등), 환경(에너지, 오염물질 배출, 수자원 관리 등), 지속가능발전관련 활동(사회적 영향, 인권, 이해관계자 대화 등)의 3개 카테고리, 42개 토픽으로 구체화 하였다. 더불어 동법은 기업뿐만 아니라 투자기관에도 보고 의무를 부과하여, 투자기관은 펀드의 ESG 요소 고려 여부, 정책 및 기준 등을 투자설명서와 연차보고서에 공시해야 한다.

미국의 기업 ESG 관련 공시제도는 크게 1990년대 이전까지 활발하게 도입된 환경공시제도와 2000년대 이후 도입되고 있는 투자자보호를 위한 공시제도로 구분된다. 1962년 레이첼 카슨의 〈침묵의 봄〉 출간 이후, 미국사회에서는 화학물질 남용과 화학물질이 인간과 환경에 미치는 영향에 대한 대중의 관심이 높아졌고, 이러한 관심은 환경보호청(Environmental Protection Agency, EPA)의 출범으로 이어졌다. EPA는 이후 기업을 대상으로 하는 여러 환경 공시제도를 도입했고, 공시제도는 대중의 알권리 보호 및 환경보고에 초점을 맞추고 있다. EPA는 1972년 'Clean Water Act'에 따라, 기업에 수질오염물질 배출관련 정보의 공개 의무를 부과하였다. 1988년에는 '지역사회 알 권리법(Emergency Planning and Community Right-to-Know Act)'에 의거하여, 유해화학물질 배출목록(Toxic Release Inventory, TRI)을 도입하여, 기업에 화학물질의 이동, 사용 및 배출에 대한 정보를 공개하도록 하였고, 2009년에는 온실가스 배출량을 공개하도록 하였다. 반면, 2000년대 이후에 도입된 미국의 ESG 관련 공시제도는 주로 투자자 보호를 주목적으로 하는 증권거래위원회(Securities and Exchange Commission, SEC)에 의해 주도되었다. 미국의 ESG 공시제도는 유럽과는 달리 ESG 전체 사안을 다루기보다는, 투자자에 미치는 영향력이 큰 중요한 정보에 해당하는 개별 사안별로 도입되고 있는 것이 특징이다. SEC는 2009년 연차보고서에 환경과 관련한 중대한 재무적 리스크를 공시하도록 하고, 10만 달러 이상의 금전적 비용이 발생하는 환경관련 제재조치는 의무적으로 공시하도록 규정하였다. 2010년에는 투자자들의 요구에 의해, 기업의 자율적 기후변화 관련 정보의 공시를 확산하기 위한 기후변화 공시지침(Guidance on Disclosures Related to Climate Change)을 발간하였다. 그리고 2010년 제정된 '도드-프랭크 금융개혁법(Dodd-Frank Wall Street Reform and Consumer Protection Act)'에 따라, SEC는 2012년 시행령을 공표하고 2013년부터 모든 상장사들에게 연차보고서를 통해 분쟁광물의 사용여부를 공시하도록 규정했다.

미국과 유럽의 ESG 정보 공시에 관한 법률 입안은 ESG 정보의 공시를 의무화함으로써 재무제표 등에 드러나는 재무 정보뿐만 아니라 ESG와 같은 비재무적 요소도 기업의 성과에 영향을 미치는 요소라는 사실을 보다 많은 사람들이 인지하게 되는 효과를 가져왔다.

2) 탄소배출권 거래제

년도	OECD-유럽	OECD-전체	노르웨이	뉴질랜드	대한민국	독일	러시아	룩셈부르크	멕시코	미국	벨기에
2006	9.99	13.92	11.78	19.73	11.66	12.13	17.98	27.28	5.94	24.29	13.51
2007	9.88	13.98	12.05	18.98	11.92	11.82	18.08	25.67	6.1	24.4	13.06
2008	9.62	13.56	11.59	18.83	12.11	11.87	18.32	25.04	6.28	23.5	12.96
2009	8.98	12.74	10.9	18.06	12.13	11.07	17.37	23.45	6.1	21.84	11.66
2010	9.14	13.04	11.3	17.95	13.29	11.52	18.21	24.2	6.14	22.39	12.13
2011	8.85	12.82	10.95	17.78	13.71	11.38	18.63	23.53		21.74	11.02
2012	8.75	12.58	10.72	18.13	13.74	11.52	18.85	22.38		20.82	10.69
2013	8.57	12.52	10.54	17.87	13.87	11.72	18.4	20.88	5.34	21.11	10.66
2014	8.23	12.31	10.38	17.8	13.7	11.18	18.39	19.57		21.14	10.11
2015	8.26	12.14	10.99	17.45		11.11	18.12	18.25		20.5	10.33

년도	브라질	스웨덴	스위스	스페인	영국	오스트레일리아	오스트리아	이탈리아	일본	캐나다	프랑스	핀란드
2006	4.75	7.35	7.28	9.71	11.47	25.68	10.86	9.66	10.78	22.38	8.85	15.32
2007	4.7	7.12	6.96	9.72	11.19	25.57	10.5	9.46	11.05	22.76	8.65	14.96
2008	4.8	6.82	7.07	8.87	10.77	25.23	10.45	9.16	10.38	21.89	8.49	13.38
2009	4.65	6.31	6.82	7.99	9.76	24.91	9.62	8.24	9.8	20.42	8.12	12.62
2010	4.94	6.88	6.95	7.66	9.94	24.38	10.17	8.35	10.18	20.54	8.21	14.1
2011	5.09	6.41	6.36	7.64	9.09	24.11	9.86	8.1	10.59	20.52	7.75	12.56
2012	5.23	6.0	6.49	7.52	9.3	23.81	9.5	7.72	10.89	20.54	7.7	11.52
2013		5.78	6.55	6.93	8.99	22.98	9.46	7.2	11.05	20.65	7.64	11.61
2014		5.55	6.02	6.98	8.27	22.38	8.98	6.89	10.73	20.36	7.15	10.81
2015		5.48	5.91	7.23	7.85	22.28	9.24	7.02	10.45	19.99	7.17	10.1

〈국가별 온실가스 1인당 배출량, 환경통계포털, http://stat.me.go.kr/, 2021. 12. 13.〉

탄소배출은 1990년대 이후 기후변화에 대한 문제가 제기되고 그 심각성이 대두되면서 중요한 의제로 떠올랐다. 1997년 교토의정서 채택 이후 온실가스 배출을 줄이기 위한 노력은 지속적으로 이어져 왔고, 이는 파리 협정으로 이어졌다.

세계 각국의 1인당 온실가스 배출량은 전반적으로 점차 감소하는 추이를 보이고 있다. OECD 국가 전체를 기준으로 2006년에 1인당 13.92톤을 배출한데 비해 2015년에는 12.14톤을 배출하였고, 유럽에 한정해서 보면 2006년 1인당 9.99톤을 배출한 데 비해 2015년에는 8.26톤을 배출하였다. 우리나라는 2006년에는 11.66톤을, 2014년에는 13.7톤을 배출하였다.

평균적으로, 배출량이 높은 국가는 미국, 오스트레일리아, 캐나다, 룩셈부르크 등이고, 배출량이 낮은 국가는 브라질, 멕시코, 스웨덴, 스위스, 영국 등이다. 이는 탄소배출이 각 국가의 산업구조와 연관되기 때문으로 이해된다.

탄소배출량을 저감시키기 위한 노력의 일환으로 탄소배출권 거래제가 시행되고 있다. 배출권거래제는 지구온난화를 비롯한 기후문제에 대한 대응 방안 중의 하나이다. 탄소배출권이란 지구온난화를 유발하는 온실가스 중 대표적인 6개의 가스인 '이산화탄소(CO_2), 메탄(CH_4), 아산화질소(N_2O), 수소화불탄소(HFC), 불화탄소(PFC), 불화유황(SF_6)'을 배출할 수 있는 권리로서 온실가스 감축을 통해 창출하거나 구매한 분량만큼의 온실가스만 배출할 수 있게 하는 제도로, 교토 의정서에서 제안된 메커니즘의 하나이다.

온실가스 배출을 감축하거나 제한하기 위해 교토 의정서를 비준한 국가들은 반드시 그들의 국가적인 감축 목표를 달성하여야 한다. 목표 달성을 위한 추가적인 수단으로 교토 의정서는 시장에 기반한 메커니즘을 제안하였고, 현재 '탄소시장'이라고 알려진 것을 만들게 되었다. 교토 메커니즘은 청정개발체제(CDM, Clean Development Mechanism), 공동이행제도(JI, Joint Implementation), 탄소배출권거래(ET, Emissions Trading)로 이루어져 있다. 교토 메커니즘은 기술이전과 투자를 통해 지속가능한 개발을 촉진하고, 비준한 국가들이 비용대비 효율적인 방식으로 다른 국가들의 공기 중에서 탄소 배출량을 저감하거나 탄소를 제거함으로써 그들의 목표를 달성할 수 있도록 돕고 민간영역과 개발도상국들인 탄소저감 노력에 기여하도록 독려한다. 청정개발체제와 공동이행제도는 탄소시장의 마중물 역할을 할, 두 개의 프로젝트에 기반한 메커니즘이다. 청정개발체제는 개발도상국에서의 지속가능한 발전에 기여하는 탄소배출 저감 또는 제거강화 프로젝트에 대한 투자와 연관되어 있다. 반면 공동이행제도는 선진국들이 다른 선진국들에서 배출저감 또는 제거강화 프로젝트를 실행하는 것을 가능하게 한다.

배출권 거래제도는 지구온난화가 단순히 환경문제로만 그치는 것이 아니라 세계 신경제질서를 예고하는 경제문제임을 인지하고, 온실가스 저감을 위한 수단으로 활용되고 있다.

사회적 최적수준을 초과한 환경오염이 발생하는 근본적인 원인은 오염을 초래하는 행위가 발생시키는 사적 비용과 사회적 비용이 다르기 때문으로, 특히 오염으로 인한 사적 비용이 사회적 비용보다 적을 때 발생하게 된다. 따라서 오염으로 인해 발생하는 비용을 오염을 발생시키는 주체가 부담하도록 함으로써 오염의 사적 비용을 사회적 비용보다 높거나 같은 수준으로 올릴 경우 오염발생을 감소시킬 수 있다.

탄소시장은 교토의정서에 의한 규제 시장과 자발적 시장으로 나뉘고, 그 안에서 할당량 시장과 프로젝트 시장으로 나뉜다. 규제 시장의 할당량 시장은 교토의정서 의무국에 대한 국가별 할당량, 유럽의 경우 유럽의 배출권거래제도인 EU-ETS에 참가하는 개별 국가 간에 거래되는 배출권 등이 거래되고, 프로젝트 시장에서는 청정개발(CDM)에 의해 발생한 배출권, 공동이행제도(JI)에 의해 발생한 배출권이 거래된다. 자발적 시장의 할당량 시장은 미국 시카고 기후거래소(CCX)에서 거래되는 배출권, 호주의 탄소배출권거래소(ACX)에서 거래되는 배출권 등이 거래 대상이고, 프로젝트 시장은 시카고 기후거래소(CCX)에서 거래되는 프로젝트 감축분(크레딧)을 거래한다.

배출권거래제는 기업들에게 탄소배출권의 가격과 감축에 소요되는 비용을 비교하여 가장 비용이 적게 드는 방법을 선택하게 유도하므로 사회 전체적으로 최소 비용을 들여 탄소배출량의 감축을 유도하는 효과를 기대할 수 있다. 또한 초기에 할당된 배출권이 시장에서의 거래에 영향을 미치지 않고 최종적으로 가장 효율적인 탄소배출량 감축이 이루어지게 할 수 있다. 배출권거래제는 탄소에 대해 명확한 가격을 형성함으로써 탄소배출 시장을 만들어낼 수 있고, 정부가 제시한 온실가스 배출 목표 달성에 민간영역이 자발적으로 참여하도록 독려할 수 있다. 이는 시장참여자들에게 감축방식의 선택 기회를 부여함으로써 각자가 최선의 방법으로 온실가스를 감축할 수 있게 하는 효과가 있고, 배출권을 경매와 같은 방법으로 할당하고, 주식과 마찬가지로 시장에서 거래될 수 있게 함으로써 이루어진다. 이러한 방식을 통한 탄소배출권거래제는 주요 목적인 온실가스 배출 감축 외에, 확보된 재원을 다시 기후변화 방지에 투자하거나 저소득층을 지원하는 등 환경적, 사회적 기여도 가능하게 한다. 아울러 여러 지역 간 탄소배출권 시장을 연계함으로써 보다 효율적인 탄소시장을 형성할 수 있고 시장에 더욱 유연하게 대처할 수 있게 된다.

탄소배출권 거래제는 환경 규제의 일환으로, 직접 규제, 경제적 유인제도, 권고, 자발적 접근 중 경제적 유인제도에 해당하고, 직접 규제에 비해 효율적이라고 평가받는다. 직접 규제에 해당하는 탄소세와 비교하자면 경제적 효율성 측면에서는 온실가스 감축을 달성하는 데 발생하는 총 저감비용을 줄이는 데 효과적이라는 점이 동일하다. 그러나 형평성 및 배출자 부담의 차원에서는 배출권거래제는 배출권을 할당하는 방법과 경매수입을 환원하는 방법에 따라 참여자의 부담 수준이 변화하는 반면, 탄소세는 세수 환원 방법에 의해 형평성이나 배출자 부담이 결정되고, 또한 세수 활용 방법에 따라 배출자 부담이 변화한다. 탄소가격의 형평성 측면에서 배출권거래제는 수요와 공급에 따른 시장메커니즘에 의해 가격이 형성되므로 탄소가격의 형평성 확보가 용이한 반면 탄소세는 세율의 적정수준 결정이 어려워 탄소가격에 대한 형평성 확보가 어려운 측면이 있다. 정책 수용성 측면에서 배출권거래제는 배출권의 할당 방법이나 전체 온실가스 감축 목표량의 수준에 대한 다각적 의견 수렴이 어려워 해당 정책 도입에 대한 산업계의 반대가 있을 수 있고, 탄소세는 조세저항이 있을 수 있으며, 세수의 활용 방법에 따라 배출자 부담이 크게 달라질 수 있기 때문에 특정 배출자들의 반대가 있을 수 있고, 타 조세정책과의 조화도 필요하다. 국제 연계의 측면에서 배출권거래제는 제도를 도입한 타 국가들과 연계가 가능한 반면, 탄소세의 경우 정부 간 협약을 통해서만 협력이 이루어질 수 있다.

3. 국내 제도 현황

1) ESG 공시 의무화

우리나라도 ESG와 관련된 다양한 제도를 도입함으로써 ESG를 확산시키기 위해 노력하고 있다.

2003년에 지속가능성보고서가 최초로 발간되었고 2006년부터 국민연금이 사회책임투자(SRI)를 시작하였다. 이어 2007년에 '지속가능발전기본법'이 제정되었고, 2009년에는 국민연금이 PRI에 가입하였으며, 2015년 초 국민연금의 ESG 고려가 최초로 법에 명시되었다. 스튜어드십 코드는 2016년 말에 도입되었고 한국거래소 상장공시시스템(KIND)·한국예탁결제원 증권정보포털(Seibro)에 ESG 등급이 공시되었다. 관련 법안은 2012년을 기점으로 발의가 늘어나기 시작했고, 20대 국회에서 급증했다. 특히 가습기 살균제 사태와 삼성물산·제일모직 합병 문제 등 굵직한 사건을 거치면서 국민연금, 더 나아가 공적연기금 전체의 ESG 고려와 스튜어드십 코드 도입 등으로 주주권을 강화해 나가는 정책이 하나 둘 도입되고 있다.

우리나라는 2021년 초 금융위원회가 일정 규모 이상의 코스피 상장사들은 2025년부터 ESG 공시가 의무화되고 2030년부터는 전체 코스피 상장사들의 ESG 공시를 의무화하는 방안을 추진하겠다고 발표하였다. 환경(E)·사회(S) 정보를 포함한 '지속가능 경영보고서'의 거래소 자율공시를 활성화하고, 단계적으로 의무화를 추진하겠다고 하며 '기업거버넌스보고서(G)'의 경우에는 2019년부터 자산 2조원 이상인 코스피 상장사의 거래소 공시를 의무화하고 2026년부터는 모든 코스피 상장사로 확대 추진하겠다는 계획을 발표하였다.

그러나 기업들은 아직 많은 난항을 겪고 있다. 15개 증권사의 리서치센터장을 대상으로 조사한 결과 ESG 중 환경 분야, 특히 기후변화나 탄소배출에 대한 대응이 가장 중요한 것으로 나타났다. 60%는 환경이 가장 중요하다고 응답했고, 사회는 26.7%가, 거버넌스는 13.3%가 가장 중요하다고 응답했다. 평가 지표 중에서는 기후변화/탄소배출이 가장 중요하다는 의견이 26.7%, 다음으로 거버넌스(이사회, 회계, 소유권)가 17.8%, 인적자원관리가 13.3%, 기업행동(윤리/부패/반경쟁관행/조세투명성)이 11/1%, 청정기술과 재생에너지가 11.1%, 환경오염/유독물질배출이 8.9%, 제품책임(품질/안전/투자)이 6.7%, 사회적 가치 2.2%, 주주반대 2.2%로 나타났다. ESG의 확산으로 인해 타격이 큰 산업은 석유제품, 석유화학, 철강 등이 각각 28.9%, 26.7%, 26.7%로 조사되었고 전망이 밝은 산업은 반도체, 이차전지, 자동차, 바이오가 각각 28.9%, 26.7%, 11.1%, 11,1%로 예상되었다. 해외와 비교할 때 해외에서는 ESG 우수기업이 IT, 테크 기업이 많은 반면 국내에서는 철강, 정유를 비롯해 제조업, 금융업 등 다양한 산업이 포함된 것으로 나타났다. 아울러 국내 기업이 ESG

에 성공적으로 대응하기 위해서는 평가기준의 일관성 확보 및 투명한 평가체계 수립이 40%로 가장 중요한 과제로 조사되었다.

국내 코스피 상장사 10곳 중 9곳이 우리나라의 환경·사회·거버넌스(ESG) 공시 제도에 부담을 느끼는 것으로 조사됐다. 정부 부처별로 환경·정보보호·재무제표 등 각 분야에서 속도전 식 ESG 공시 의무 법제화를 잇따라 추진하고 있기 때문이다. 2021년 12월 16일 한국상장회사협의회의 'ESG 정보 공개 의무화 관련 설문조사' 결과 전체 응답자의 88.6%가 "환경정보·정보보호 개별 법률에서 ESG 정보 공개 의무화가 추진되는 상황에 부담을 느낀다"고 답했다. 이 설문은 상장협이 2021년 10월 25일부터 11월 5일까지 코스피 상장사 797개사를 대상으로 온라인 설문조사 시스템을 통해 실시했다. 이 중 응답한 곳은 총 254개사로 응답률은 31.9%다.

기업들은 지속 가능 경영 보고서 등 ESG 공시 작성에 어려움을 겪고 있다. 아직 국제적으로 제대로 된 공시 기준이 나오지 않아 ESG 보고서를 어떻게 써야 할지 감을 잡기도 어려운데 투자자들의 비재무 정보 공개 요구는 점점 거세지고 있기 때문이다. 정우용 상장협 정책부회장은 "개별 법률로 ESG 공시를 의무화하면 각 기업의 업종, 규모, 사업 형태 등을 고려하지 못한 채 일률적인 정보 공개를 요구하게 되므로 효율성이 떨어질 수밖에 없다"며 "미국이나 일본 등에서는 기후변화에 한정해 법제화를 신중히 논의하는 반면 국내에서는 법률에 기반한 ESG 정보 공개 제도를 너무 급격히 도입하고 있다"고 말했다.

전문가들은 이 같은 시장 왜곡이 결국에는 공시 제도 공백에서 나온다고 지적한다. 기업들이 울며 겨자 먹기로 컨설팅 용역을 맡기는 것은 어떻게 공시해야 할지 갈피를 잡기 어렵기 때문이다. ISSB에서도 내년에나 ESG 공시 기준 초본을 내놓을 것이라는 전망이 나오는 상황이다. 근본적으로는 제도 도입 극초반 단계에서 이 같은 혼선이 불가피할 수밖에 없는 만큼 ESG 공시 관행 성숙을 위해 기업 자체적으로 공시 역량을 키우는 쪽으로 정부 지원이 이뤄져야 한다는 의견이다. 한 상장사의 ESG 담당자는 "공시 의무화 논의와 함께 작성 기준 및 모범 사례 등에 관한 자료 공유가 필요하다"고 제안했다.

이를 위해서는 지속가능경영 보고서 등으로 ESG 정보가 일원화돼야 한다는 목소리가 높다. 그러나 정부에서는 통일된 기준 없이 각 부처별로 ESG 정보 규제만 생산하고 있어 이에 역행하는 상황이다. 가령 환경부는 2022년부터 자산 규모 2조 원 이상의 상장사에 환경 정보를 의무적으로 공개하도록 '환경기술산업법 시행령'을 개정했다. 과학기술정보통신부는 정보 보호 최고책임자를 둔, 연 매출 3,000억 원 이상 상장사에 정보 보호 관련 주요 사항을 공시하도록 '정보보호산업법 시행령'을 바꿨다. 정은보 금융감독원장은 2021년 10월 국정감사에서 "ESG에 대한 내용이 재무제표에 들어가도록 개정하는 것을 적극 검토하고 있다"고 밝히기도 했다.

2) 탄소중립 정책

국내에서도 ESG를 정책화하기 위한 노력이 이미 상당수 이루어지고 있다. 환경부문에서는 기후변화와 밀접한 관련이 있는 탄소중립에 대해 2020년 '대한민국 2050 탄소중립 전략'이 수립되어, 경제구조를 저탄소화하고, 새로운 저탄소 산업생태계를 조성하며, 탄소중립 사회로의 전환을 목표로 하고 있다. 대통령 직속 탄소중립위원회도 2021년 출범하였다.

'기후위기 대응을 위한 탄소중립·녹색성장 기본법'도 2021년 9월 24일 제정, 2022년 3월 25일 시행되는데, 세계에서 14번째로 탄소중립을 법제화하였다. 법은 그 목적을 '기후위기의 심각한 영향을 예방하기 위하여 온실가스 감축 및 기후위기 적응대책을 강화하고 탄소중립 사회로의 이행 과정에서 발생할 수 있는 경제적·환경적·사회적 불평등을 해소하며 녹색기술과 녹색산업의 육성·촉진·활성화를 통하여 경제와 환경의 조화로운 발전을 도모함으로써, 현재 세대와 미래 세대의 삶의 질을 높이고 생태계와 기후체계를 보호하며 국제사회의 지속가능발전에 이바지하는 것을 목적으로 한다.'고 정의하고 있다.

국가비전으로서 2050 탄소중립과 환경과 경제를 조화시키고, 국가전략으로 중장기 국가 온실가스 감축 목표를 제시하였으며, 탄소중립·녹색성장 기본계획을 수립하는 것을 이행 체계로 두었다. 아울러 기후변화영향평가, 온실가스인지예산 등 제도적 기반을 마련하고 정의로운 전환을 규정하였다.

2030 국가 온실가스 감축목표는 배출량에 있어서는 2018년 대비 산업부문에서 14.5%를, 건물 부문에서는 32.8%를, 수송부문에서는 37.8%를, 농축수산 부문에서는 27.1%를, 폐기물 부문에서는 46.8%를 감축하는 것을 목표로 삼았다. 부문별로도 로드맵이 제시되었는데, 산업 부문에서는 탄소중립 산업대전환 비전과 전략을, 탄소중립 산업·에너지 부문은 R&D전략, 수송부문에서는 미래차 전환전략, 국토·건물 부문에서는 국토교통 2050 탄소중립 로드맵, 자연·생태기반 온실가스 감축·적응전략을 제시하였다. 2022년 탄소중립 예산은 탄소중립 이행 원년을 맞아 12조원 수준의 재정 투자를 목표로 하고, 2.5조원 규모의 기후대응기금을 신설하고자 했는데, 온실가스 감축, 신유망저탄소 산업 생태계 조성, 취약산업·고용·지역 공정전환, 탄소중립 기반구축 지원을 주요 목표로 하였다.

한편 지속가능발전과 관련하여 2007년 '지속가능발전 기본법'이 제정되었다. 이후 2010년 '저탄소 녹색성장 기본법'이 제정되면서 시대 흐름에 따라 '저탄소 녹색성장 기본법'이 더 부각 되었고, 지속가능발전의 개념은 환경적인 주제에 좀 더 무게를 싣게 되었다. 녹색성장은 기후, 탄소, 일자리, 성장과 같은 주제들을 핵심적인 키워드로 두고 있었으므로 지속가능발전은 2015년 SDGs의 실천에 관한 국제사회의 약속이 직접적인 계기가 되어 통합적인 성장이라는 본래의 주제를 다시 다루기게 되었다.

4. 금융계의 동향

2020년 지속가능한 투자 자산 규모는 유럽, 미국, 캐나다, 오스트레일리아, 일본 5개의 주요 시장에서 35.3조 달러의 규모였는데 이는 직전 보고연도인 2년 전에 비해 15% 성장한 것이었고 4년 전에 비해서는 55% 성장한 것이었다.

전문적으로 관리되는 투자 자산의 전체 규모는 2020년 98.4조 달러에 이르렀고, 그 중 지속가능한 투자 자산은 35.9%를 차지하여 35.3조 달러 규모이며 이는 직전 2년에 비해 2.5% 성장, 4년 전에 비해서는 8% 성장한 것이다.

지속가능한 투자자산은 지속적으로 상승세를 이어가고 있으며 유럽에서 일부 하락을 보이긴했으나 이는 유럽연합의 법에서 지속가능한 투자가 정의되는 방식에 중요한 변화가 있었기 때문으로, 이전의 결과와 직접적으로 비교하기는 매우 어렵다.

지역	2016년	2018년	2020년
유럽	12,040	14,075	12,017
미국	8,723	11,995	17,081
캐나다	1,086	1,699	2,423
오스트레일리아	516	734	906
일본	474	2,180	2,874
합계	22,839	30,683	35,301

〈글로벌 지속가능 투자 자산 현황(USD 10억달러), Global Sustainable Investment Alliance, GLOBAL SUSTAINABLE INVESTMENT REVIEW 2020, 2021, pp.9〉

지역	2016년	2018년	2020년
관리 중인 투자자산 전체	81.948	91.828	98.416
관리 중인 지속가능 투자 자산	22.872	30.683	35.301
지속가능 투자 비율	27.9%	33.4%	35.9%
직전년도 대비 증가율		5.5%	2.5%

〈유럽, 미국, 캐나다, 오스트레일리아, 일본에서 관리 중인 투자자산 현황(USD 10억달러), Global Sustainable Investment Alliance, GLOBAL SUSTAINABLE INVESTMENT REVIEW 2020, 2021, pp.9〉

지역	2014년	2016년	2018년	2020년
유럽	58.8%	52.6%	48.8%	41.6%
미국	17.9%	21.6%	25.7%	33.2%
캐나다	31.3%	37.8%	50.6%	61.8%
오스트레일리아	16.6%	50.6%	63.2%	37.9%
일본		3.4%	18.3%	24.3%

〈지역별, 연도별 전체 투자자산 대비 지속가능 투자 자산 비율, global Sustainable Investment Alliance, GLOBAL SUSTAINABLE INVESTMENT REVIEW 2020, 2021, pp.10〉

지속가능한 투자자산의 비율은 미국, 캐나다, 일본에서 성장세를 이어가고 있다. 반면 유럽은 그 비율이 점차 줄어들고 있으며 오스트레일리아는 2018년에서 2020년 사이 하락세를 보이고 있다.

유럽의 경우 지속가능한 투자 상품에 대해 명확한 기준을 만들기를 요구하는 강력한 입법의 영향을 받았다. 오스트레일리아는 2가지 이유 때문으로 하나는 RIAA가 수행한 지역 조사 데이터의 포함이 지속가능한 투자 기준의 변화를 일으켰다고 보이고, 다른 하나는 지역 중앙은행의 정의에 기반한 전체 시장 규모를 정의하는 데이터 소스가 변화했기 때문으로 보인다.

몇몇 흥미로운 지역적 차이를 발견하자면 일본은 세계 지속가능 투자 자산의 8%를 차지할 뿐이지만 기업과의 대화와 주주행동에 있어서는 훨씬 더 많은 비중(17%)을 차지하고 있었다. 미국은 지속가능성 테마 투자, 임팩트/커뮤니티 투자, 포지티브 스크리닝, ESG 통합에 있어 가장 많은 비중을 차지하고 있었다. 투자자들은 투자 프로세스의 일부분으로서, 지속가능성 리스크와 기회를 통합하는 수단으로 다양한 투자 기법을 활용한다. 이와 같이 투자전략들을 분리하는 것은 투자산업이 세계적으로 맞닥뜨리고 있는 전체적인 경향을 나타내지는 못한다. 전통적으로 유럽은 원칙기반 투자와 네거티브 스크리닝을 자산에 주로 활용하였다. 최근의 유엔 재무공개법에서는 투자

매니저들이 지속가능성 리스크를 그들의 투자에 통합하도록 요구하고 있는데, 이를 통해 네거티브 스크리닝, 원칙기반 투자, ESG 통합이 모든 지역에서 금융 상품 운영의 일부가 될 것이라고 기대된다.

한편 ESG 투자를 확대하기 위한 노력의 일환으로 관련 채권 발행 또한 이루어지고 있다. ESG 채권은 사회책임투자채권, 사회공헌채권, Thematic채권으로도 불리며, 발행자금이 친환경 또는 사회적 이득을 창출하는데 사용되는 채권이다. 이 중 신재생에너지 등 친환경프로젝트나 사회기반시설에 투자할 자금을 마련하기 위해 발행하는 채권은 녹색채권(Green Bond), 사회가치 창출 사업에 투자할 자금을 마련하기 위해 발행하는 채권을 사회적채권(Gocial Bond), 환경친화적이고 사회가치를 창출하는 사업에 투자할 자금을 마련하기 위해 발행하는 채권을 지속가능채권(Sustainability Bond)이라고 부른다. 이들에 대해서는 녹색채권원칙(The Green Bond Principles, GBP), 사회적채권 원칙(The Social Bond Principles, SBP) 및 지속가능채권 가이드라인(Sustainability Bond Guidelines, SBG)이 있는데, 자금의 용도, 프로젝트 평가 및 선정 절차, 자금의 관리, 사후보고의 4개의 핵심 요소로 구성된다. 이외에도 국제기후채권기구(Climate Bond Initiative, CBI)에서 발표한 기후채권기준(The Climate Bond Standards, CBS), 2020년 12월 금융위원회, 환경부, 환경산업기술원, 한국거래소가 공동으로 제정한 녹색채권 가이드라인(Green Bond

Guidelines, GBG)이 있다.

ESG의 각 분류 중에서 환경 부문과 사회 부문에 대한 채권은 이미 발행되고 있고, 한국거래소에서는 2021년 6월 기준으로 853종의 ESG 채권이 거래되고 있으며, 총 발행금액은 125,589,731백만원이다. 그러나 채권 중 기업 거버넌스에 대한 개선을 목적으로 하는 채권은 발행되지 않았다. 왜냐하면 채권은 채권자에게 약속된 만기에 원금과 정해진 이자를 갚겠다는 증서로, ESG 채권은 채권으로 모은 자본금의 목적이 친환경적 또는 사회적 가치와 관련된 성과를 위해 쓰인다고 약속하는 점이 다를 뿐이다. 즉, 거버넌스의 개선은 투자성과를 약속할 수 없는 대상으로 그를 위해 채권을 발행하는 일은 상상하기 힘들다. 기업이 채권을 발행하는 것은 채권 발행을 통해 자금을 모집하고 이를 통해 성과를 창출하고자 하기 때문이다. 친환경적이거나 사회적 가치를 추구하는 사업은 비교적 그 목적이 명확하고 투자자에게 가시적인 성과를 보여줄 수 있다.

ESG 중 환경부문과 사회부문의 성과는 ESG 투자를 통한 자금의 모집, ESG 프로젝트를 수행하거나 ESG 관련 사업을 확장하고자 하는 기업의 활동을 통해 가시적으로 만들어질 수 있다. 그러나 성과가 가시적이지 않은 부문의 경우 채권을 통한 자금 모집 및 성과창출은 어려운데, 이는 종종 기부 등 사회공헌과 같은 역할을 한다. 기존의

CSR과 유사한 형태로 이루어지고, 기업의 평판에 대한 관리, 발생우려가 있는 ESG와 관련된 리스크 관리에 활용되곤 한다.

또한 환경 부문이나 사회 부문의 사업과 달리 기업 내부의 의사결정과 관련되는 거버넌스의 개선은 성과를 약속할 수 없고 성과의 측정 또한 난해하다. 거버넌스에 대한 가이드라인이 제시되고, 보고서 발행을 통해 기업 내부 의사결정의 투명성을 제고하려는 노력은 계속되고 있다.

유가증권시장 공시규정 및 세칙에 따라 대규모법인인 유가증권시장주권상장법인은 기업거버넌스보고서를 신고하여야 한다. 이에 관련하여 금융위원회가 2021년 1월 14일 발표한 '기업공시제도 종합 개선방안'에 따르면 2019년부터 자산 2조원 이상 코스피 상장사의 기업거버넌스보고서의 거래소 공시가 의무화되었고, 2026년부터 전 코스피 상장사로 확대 추진된다.

그러나 이는 규제의 영역으로, 투자자들의 선택에 따라 환경 부문, 사회 부문의 ESG 사업들이 추진되는 것과는 다른 성격을 가진다.

ESG 주요 이론

1. 기업의 장기적 이익 창출

2. 케인즈적 태도

3. 이해관계자 이론

4. 공유지의 비극

5. 21세기의 칸트적 태도

6. 사회 속의 기업시민

7. 신뢰의 가치

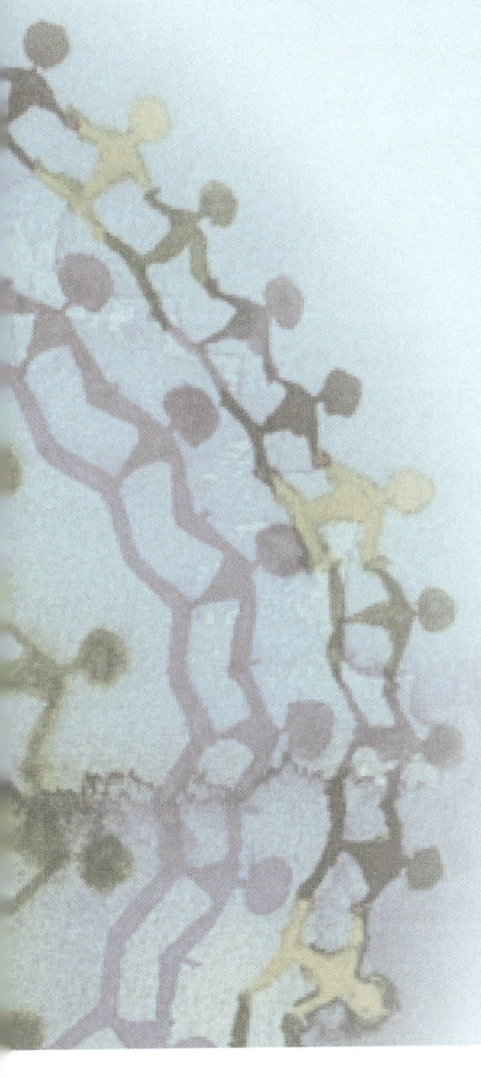

제5장. ESG 주요 이론

1. 기업의 장기적 이익 창출

〈 투자이론의 진화 : 신고전주의 경제학과 인간본성 〉

역사적으로 경제학자들과 투자자들은 투자행위는 재무 성과와 리스크에 영향을 받는다는 생각을 공유하고 있었다. 이러한 생각은 신고전주의 경제학에서 비롯된 것인데, 기본적으로 개인은 목표를 갖고, 이성적으로 판단하며, 효용을 극대화하기 위해 노력하고, 완전하고 연관성 있는 정보에 기반하여 독립적으로 행동한다는 사실을 전제로 한다. 즉, '경제적 인간'은 이성적이고, 이기적이며, 욕망이 무한하고, 이익을 추구한다는 것이다. 인간은 이기적이라는 개념은 아담 스미스가 1776년 〈국부론〉을 출간한 이후 변하지 않았다. 합리적 선택 이론은 모든 개인은 그의 이익을 극대화하고자 한다는 개념에 기반하고 있다. 하지만 이 이론은 경제 분석에 심리학이 도입되면서 몇 가지 변화를 겪었다. 행동 경제학 이론은 1900년대 중반에 시작되었는데, 의사결정에 있어 합리적 선택만으로 예측할 수 없는 인간 본성의 관계에 대한 몇몇 실험을 통하여 인간 심리에 관한 요소가 도입되었다. 행동경제학의 옹호자들은 경제적 차원에서 인간본성의 영향을 설명하였고, 사람이 이기심에 기반하여 합리적인 결정을 하는지 혹은 개인의 이기심이 그 자신에게만 한정되어 있는 것인지에 대해 질문을 던졌다. 행동경제학의 실험은 사람은 합리적으로 이기적이지 않거나 이기심의 대상을 개인 이상으로 확대할 수도 있다고 설명한다. 1900년대 중반의 학자들은 공개적으로 또 학문적으로 인간본성에 관한 경제학을 소개하였으며, 이는 시장의 변화에 영향을 미쳤다.

기업이 장기적인 이익을 내기 위해서는 단기적인 활동의 성과보다 장기적인 시각에서 이익을 고려하는 것이 중요하다. 이때 장기적인 이익을 만들기 위한 프로세스는 단순히 매년 현금 흐름이 나아지는 것뿐만 아니라 기업의 잠재력을 향상시키고 시장을 확대하며 리스크를 줄여나가는 것을 포함한다. 여기에는 환경과 사회의 개선 또는 부정적인 측면의 완화도 포함된다.

　지속가능성을 고려하는 많은 투자자들은 높은 ESG 평가 점수를 불황을 버티고, 회복탄력성이 높으며, 시장에서 우수한 퍼포먼스를 할 수 있고, 리스크에 대한 대비가 되어 있다는 시그널로 생각한다. ESG 요소를 잘 활용하는 기업은 장기적인 이익을 창출하는데 유리하고, 주가도 향상되곤 한다.

　세계 어디에 있든 대부분의 회사들이 장기적인 주주가치의 창출을 추구하기 위해서는 다른 이해관계자들도 만족시켜야 한다. 소비자, 공급자, 근로자의 필요를 무시하면서 장기적인 가치를 만들 수는 없다. 장기적인 성장에 투자하는 것은 더 강력한 경제, 더 높은 생활수준, 사람들을 위한 더 많은 기회를 만들어낸다.

　어떤 분석가들과 단기 성향의 투자자들은 종종 단기적인 성과에 열광한다. 장기적인 가치를 키우는 데로 기운 회사는 그들의 요구를 항상 만족시킬 수는 없더라도 단기적인 성과에 대한 지속적인 압력은 경영자들을 바쁘게 움직이게 하는 미덕을 가지고 있다. 단기적인 수익과 장기적인 가치 사이의 교환을 구분하는 것은 경영자의 업무 중 하나이고, 올바른 선택을 할 수 있는 용기를 가지는 것은 중요한 개인적인 자질이다. 경영자들이 단기적인 이익을 희생하고 장기적인 가치를 만드는 선택을 하려고 할 때, 경영자의 선택이 옳은지 판단하는 것은 회사의 포트폴리오 안에 있는 사업들의 경제성을 충분히 조사하고 이해한 이사회의 책무이다.

　많은 사람들이 지적했듯이 기업의 생산 활동은 사회와 유리될 수 없고, 생산조건은 지속적으로 변화한다. 장기적으로 생산조건을 유리하게 형성할 수 있도록 미래를 내다보고 전략적으로 투자하는 일은 기업에게는 단기적인 성과를 내는 것보다 중요한 일이다. 어떤 생산조건의 변화는 기업의 존폐조차 위태롭게 만들기 때문이다.

　콜롬비아에서는 곤충, 전염병, 병균이 확산되기 쉽고 천적과 해충들 간의 균형이 깨지게 되는 새로운 기후 조건으로 인해 생산비용이 증가할 가능성이 있다. 질병은 새로운 구역으로도 번져나갈 것이고 높은 기온 때문에 수분의 증발이 유발되어 물 요구량이 늘어나며 이는 수로관개의 필요성을 높인다. 몇몇 지역에서 농부들은 더 적합한 환경 조건을 찾기 위해 커피 생산지를 더 높은 고도로 옮기고 싶어 한다.

　콜롬비아 커피농장의 생산조건이 변화하는 상황에서, 장기적인 산업의 존속을 위해서는 커피를 키우기 알맞은 기후조건을 따라 농장을 옮기는 것이 최적이다. 농장을 옮기는데 노력을 기울이느라 단기적인 커피 생산은 줄어들 수 있지만, 장기적인 커피 생산을 담보하기 위해서는 전략적으로 행동할 필요가 있기 때문이다. 그러나 더 장기적인 시각에서 보면, 기후변화는 진행 중이며 앞으로 커피 생산은 점점 더 어려워질 가능성이 크다. 이 때 커피농장의 경영자는 기업을 지속하기 위해서 새로운 선택을 해야 한다. 그는 커피 외에 다른 작물을 선택할 수도, 커피농장을 고도화할 수도, 커피농장을 기후변화의 영향이 적은 지역으로 옮길 수도 있다. 그는 이러한 선택을 통해서 위험을 최소화하고 기업의 지속가능성을 향상하려고 한다. 경영자나 투자자와 같이 시장경제에 참여하는 사람들은 변화를 염두에 두고 그에 대한 장기적인 대비를 하는 것이 필요하다.

연금 펀드와 같은 기관투자자들은 재정적인 미래가 종종 위험에 처하는 수백만명의 사람들의 관리자로서 중요한 지지자 역할을 해 줄 수 있다. 이미 탄소배출, 물부족, 대지황폐화와 같은 환경이슈를 고려하는 장기 투자자들은 가치와 장기적인 지속가능성을 연결하고 있다. 2014년 록펠러 스탠다드 오일 재단은 석탄이나 화석연료 회사의 주식에 투자하지 않는 캠페인으로서 스탠포드 대학의 이사회에 가입하기로 결정했다. 장기적인 시각의 회사들은 투자자나 정부가 요구하는 장기적인 변화에 맞추어 조율되어야 한다. 이는 경영진에게 5, 10, 20년을 내다보는 전략들을 조정하고 환경이나 다른 이슈로 인해 사용되지 못하게 될, 아직 생산적인 자산들을 붙잡고 있는 위험을 줄이게 해 준다. 가치를 염두에 두는 경영진이 기억할 것은, 정부정책과 장기투자자 간, 주주가치창출과 외부적인 충격 간에 항상 섬세한 화학작용이 일어난다는 점이다.

장기적인 이익을 추구하는 것이 기업에게도 유리하다는 것은 주가지수를 통해서도 알 수 있다. 1994년에 사회적인 가치를 기업 운영에 통합한 기업 400개의 주가지수를 나타내는 DSI 400과 S&P 500의 지수를 비교한 결과, DSI 400의 지수가 좀 더 유리한 경향이 있는 것으로 나타났다. 오늘날 DSI 400은 MSCI KLD 400 Social Index로 이어져 운영되고 있다.

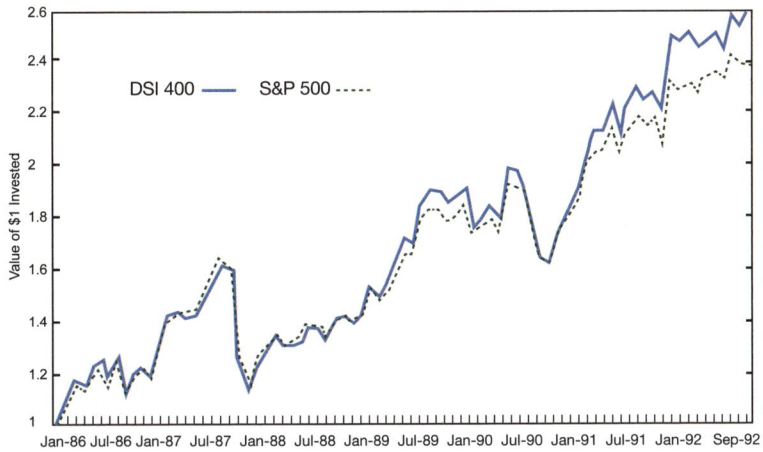

〈DSI 400과 S&P 500의 투자 성과 비교, Peter D. Kinder, Steven D. Lydenberg, Amy L. Domini, Investing for Good: Making Money While Being Socially Responsible, Harpercollins, 1994, pp.33〉

ESG 평가에서 고려해야 하는 사항은 환경, 사회, 거버넌스 각각의 카테고리에서 가장 핵심적인 이슈를 선별하는 것이다. 그리고 기준에 따라 각 기업이 만들어낸 구체적인 비재무적 성과를 평가하여, 기업의 ESG 성과가 잘못 평가되지 않고, 평가 체계가 의도한 대로 기업의 실제 성과가 평가점수에 온전히 반영되도록 하는 것이 중요하다. 가령 평가 체계를 환경에 대한 영향, 공동체와 사회 전반에 대한 기여, 근로자와 공급자, 의사결정구조, 기업윤리로 구성한다면 각각의 카테고리에 해당되는 기업의 활동이 적절하게 분류되고 평가되어야 한다. 고전적인 기법을 활용하여 알코올, 도박, 담배, 총기류, 무기, 포르노 등의 산업을 배제하는 네거티브 스크리닝 기법을 활용하거나, 친환경기술, 바이오, 농업기술 등과 관련된 기업은 포함하거나 가중치를 두는 포지티브 스크리닝 기법을 활용하는 것도 도움이 된다.

2. 케인즈적 태도

1929년 시작된 대공황은 1939년까지 지속되었으며 이는 산업화된 서구 세계가 경험한 가장 길고 참혹한 공황으로 경제 기관, 거시경제정책과 경제학 이론에 근본적인 변화를 유발하였다. 미국에서 시작하였음에도 불구하고 대공황은 거의 모든 국가에서 참혹한 실업과 디플레이션을 유발하였다. 대공황은 경기 침체와 상승을 조절하려는 거시경제 정책의 발전에 결정적인 역할을 하였다. 대공황 기간 동안 지출 감소와 통화 긴축 정책의 중심적인 역할은 영국 경제학자인 존 메이나드 케인즈의 〈고용, 이자, 화폐에 관한 일반 이론〉을 발전시키도록 하였다. 케인즈의 이론은 정부지출의 증가, 감세, 확장적인 재정이 공황에 대응하는데 사용될 수 있다고 제안하였다. 이러한 통찰은 정부가 고용을 안정시켜야 한다는 사회적 요구의 증가와 맞물려 1930년대 더 많은 참여적인 정책들을 이끌어냈다. 세계의 입법기관과 중앙은행은 오늘날 일상적으로 경기 침체를 막거나 완화하려고 하고 있다.

1930년대 케인즈는 고용을 늘리기 위해 미국정부의 지출을 늘릴 것을 제안하였다. 이는 시장이 스스로 수요를 창출하지 못하는 상황에서, 정부개입을 통해 유효 수요를 만들어내고, 이를 통해 시장이 다시 균형을 찾도록 유도하기 위한 것이었다. 장기적으로 시장은 스스로 균형을 찾아가지만, 그 기간이 얼마나 걸릴지는 모른다. 어쩌면 인간의 수명보다 긴 기간일 수도 있고 균형을 찾기 전에 이미 사람들은 빈곤에 시달리고 고통을 받게 되니 정부가 개입하여 당면한 문제를 해결하자는 관점이었다.

시장에서 거래되는 재화는 수요와 공급이 모두 있어야 성립한다. 공급만 있고 수요가 없거나 수요는 있으나 공급은 없는 경우에는 시장에서의 거래는 발생하지 않는다. 북극에서 얼음 판매를 계획하는 것과 같이 아무도 사지 않을 재화를 생산하거나 아무도 필요로 하지 않는 서비스를 굳이 공급하려고 한다면 아무런 효용을 만들어내지 못하며, 시장에 존속할 수 없다.

ESG를 통해 만들어내고자 하는 지속가능한 환경, 포용적인 사회,

윤리적인 거버넌스를 '지속가능성'이라고 하는 가치라고 가정하자. 이 가치는 장기적인 관점에서 지구와 인간 사회의 지속가능을 유지하는데 투입되는 재화를 통해 얻어지는 효용이다. 이러한 효용을 만들어내는 재화를 지속가능성 재화라고 정의하자. 오늘 시장에서 구매된 지속가능성 재화는 미래세대가 지속가능한 삶을 이어나가는 데 쓰인다. 미래세대를 염려하고 그들을 지지하는 사람들은 오늘 그들이 가진 구매력을 활용하여 지속가능성 재화가 생산되도록 하고, 이를 구비해놓으며, 미래세대가 그를 활용하여 지속가능성이라는 효용을 활용할 수 있도록 하고자 한다.

즉, 지속가능성 재화는 오늘의 효용이 아닌 미래의 효용을 위한 재화로서, 현재 시점의 소비자들은 지속가능성이 필요하다는 것은 알지만 해당 재화에 대한 실제적인 수요는 크지 않다. 그들이 지금 누리는 효용에 대비하여 지속가능성 재화는 너무 비싸다. 그 그래프는 아래와 같다.

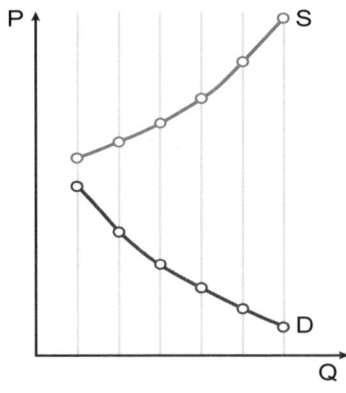

〈모든 지점에서 최저공급가격이 최고 수용가격보다 높은 경우〉

이 그래프에서 현재 시점에 공급자가 공급하려는 최소가격은 수요자가 지불하려는 최대가격보다 크다. 이러한 경우 시장에서는 거래가 발생하지 않는다. 그러나 장기적인 관점에서 보면 지속가능성 재화는 미래세대를 위해 확보되어야 하며, 미래세대는 이를 통해 지속가능성을 만들어낼 필요가 있다. 미래세대의 수요가 반영이 될 때에는 공급곡선과 수요곡선이 만나 시장에서 거래가 발생한다.

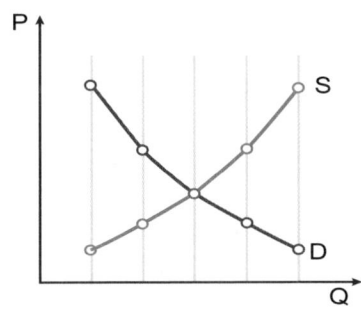

〈공급과 수요가 일치하는 지점이 있는 경우〉

그러나 미래세대는 현재의 시장에 영향을 미치지 못한다. 미래 세대의 필요는 수요곡선을 이동하게 하지만, 그 일은 아직 일어나지 않았으며 모든 현재 시점에서 그 일은 일어나지 않을 것이다. 정해진 수명을 사는 인간은 지속가능성의 필요성에 공감하지만 그것이 정말 자기 자신에게 필요하다고 느끼고 실제 수요를 발생시킬 만큼 간절한 욕구인지는 알 수 없다. 이러한 경우에 시장 밖에서 정부 또는 외부적인 영향력의 개입이 필요하다.

현재 시점의 그래프에서 수요곡선과 공급곡선이 만나기 위해서는 공급자가 더 낮은 가격으로 공급할 유인이 있거나, 수요자가 더 높은 가격으로 구매할 수요를 가져야 한다.

지속가능성 재화에 대하여 더 큰 수요가 만들어지기 위해서는 대량의 수요가 추가적으로 만들어지거나 지속가능성이 가치 있고, 지속가능성을 구매하는 행위가 효용을 발생시킨다고 믿어야 한다. 대량의 수요는 공공조달과 같은 인위적인 방법을 통해 창출할 수 있다. 공공이 아닌 민간에서의 수요 창출을 위해서는 소비자들의 가치산정에 변화가 필요한데, 지속가능성을 지지하는 소비에 대해 프리미엄을 부여하거나, 지속가능성을 지지하는 소비가 필수적이라고 믿는 것이 필요하다. 공정무역 커피를 프리미엄을 주고 구매하는 것은 커피에 대해 가격을 지불할 뿐만 아니라 공정무역이라는 지속가능성을 창출하는 행위의 가치에 대해 인정하고 이 재화에 대한 비용을 지불하는 것이다.

투자자들이 스크리닝이나 ESG 통합과 같은, ESG에 투자하는 투자기법을 활용하는 것은, 자본시장에서 얻어지는 수익뿐만 아니라 그 행위를 통해 만들어지는 지속가능성 재화에 돈을 내는 것이다.

공급자 측면에서는 공급자가 더 낮은 가격으로 지속가능성 재화를 공급할 수 있어야 하는데, 이때 공급곡선을 하향으로 이동시킬 유인은 생산비용이 절감되거나 그에 상당하는 수준으로 감세가 이루어지거나 혹은 보조금이 주어지는 경우이다. 조세정책이나 보조금 지급과 같은 직접적인 유인들은 공급곡선을 현재의 소비자들이 감당 가능한 수준으로 움직일 수 있으나, 구조적인 변화가 없다면 정부지원이 사라지는 순간 다시 공급곡선은 소비자들이 감당할 수 있는 수준 위쪽으로 상향 이동할 것이다. 이를 위해서는 기술개발을 통해 공급비용 자체를 절감하거나, 유사하거나 관련된 새로운 시장이 만들어져 지속가능성 재화에 대한 충분한 대체재들이 소비자들의 선택지를 만들어 공급곡선이 위로 이동하는 것을 억제하는 것이 필요하다.

공공지출을 활용하여 만들어내는 수요는 영원할 수 없으며 단기적으로만 작용할 뿐이다. 장기적으로 지속가능성 재화에 대한 공급곡선과 수요곡선이 만나는 상황을 만들기 위해서는 지속가능성에 대한 수요가 자라잡아야 하고 관련 산업분야의 육성을 통해 지속가능성 재화에 대하여 폭넓은 스펙트럼의 선택지가 만들어져야 한다.

3. 이해관계자 이론

이해관계자 이론과 주주 이론은 기업윤리와 기업과 사회의 관계에 대한 이론들로서 많은 논의를 불러 일으켰다.

주주 이론은 회사를 지분으로 소유한다는 개념 위에서 일반적인 기업의 운영 방식에 대해 설명하는 개념이다. 자유시장을 지지하고 정부의 시장개입을 반대하는 미국의 경제학자 밀튼 프리드먼은 1970년 뉴욕타임즈에 '기업의 사회적 책임은 이익을 향상하는 것이다.'라는 제목의 기사를 기고하였다.

> "진지하게 받아들여지는 사회적 책임의 원칙은 정치적 메커니즘을 모든 인간 활동으로 확장할 수 있다. 철학적으로는 가장 명백한 집단주의 원칙과 다르지 않다. 단지 집단주의적 결과가 집단주의적 수단 없이 이루어질 수 있다는 것이 다르다. 이는 내 저서 〈자본주의와 자유〉에서 밝힌 것처럼, 자유주의 사회에서는 '근본적으로 혁명적인 원칙'이라고 불리며 기업의 단 하나의 유일한 책임은, 속임수나 사기 없이 개방되고 자유로운 경쟁이라는 게임의 룰을 지키면서, 그의 자원을 활용하고 이익을 최대화하는 활동을 하는 것이다."

밀튼 프리드먼의 주장에 따르면 기업의 목적은 그들의 소유주인 주주의 이익을 최대화하는 것이고, 이를 통해 기업은 책임을 다하게 된다. 이는 주주-대리인 이론에 근거하는데, 지분을 가진 기관이나 개인인 주주가 기업의 소유주이고 기업의 경영진은 그들의 대리인으로서 주주의 이익을 최대화하는 것이 그 역할이라는 것이다.

그러나 기업 규모가 커지고, 중요한 몇몇 결정을 제외한 운영의 대부분이 대리인에 의해 이루어지면서 대리인의 권한은 과도해진다. 또한 기업의 경영진이 주주의 이익을 극대화하는 것 외에 다른 목적을 가지게 된다면 이는 주주의 이익과 충돌하는 일이 된다. 주주의 이익은 기업의 주가로 드러난다. 즉, 주가를 상승시키는 것 외에 다른 목적을 가진 기업활동은 주주의 이익을 침해하는 행위일 수 있다.

이러한 측면에서 환경, 사회, 거버넌스의 향상에 노력을 기울이는 ESG는 주주의 가치를 극대화하지 않고, 주가에 반영되거나 배당되어야 할 기업의 이익을 주주가 아닌 사람에게 사용하게 하므로 대리인이 자신의 의무를 다하지 않는 셈이 된다. 기업이 ESG를 위해 노력하고 환경, 사회, 거버넌스에 대하여 비재무적 성과를 만들어 내는 것이 대리인으로서 정당한 행동이라고 인정받기 위해서는 ESG의 실천이 주가 상승에 도움이 된다는 점이 입증되어야 한다.

이해관계자는 기업의 행동에 영향을 받는 모두를 이야기한다. 근로자, 주주, 공급자, 소비자가 대표적인 이해관계자이고, 넓게는 기업이나 생산지가 위치한 지역의 공동체와 환경, 경쟁자, 정부기관 등으로 확장할 수 있다. 기업의 내부에 있는 근로자, 주주, 기업 자체 등은 내부적인 이해관계자이고 공급자, 소비자, 경쟁자, 공동체, 정부기관 등은 기업 외부의 외부적인 이해관계자로 분류할 수도 있다.

2005년에 개봉한 〈찰리와 초콜릿 공장〉이라는 영화에 윌리 웡카라는 초콜릿 공장 사장이 등장한다. 이 초콜릿 생산 기업에서 좁은 범위의 이해관계자는 초콜릿을 만드는 직원들인 움파룸파족, (주식회사일 경우) 초콜릿 회사의 지분을 가진 주주들, 초콜릿의 소비자들, 초콜릿의 원재료인 카카오빈이나 설탕 등을 공급하는 공급업자들이고 넓게는 초콜릿 공장이 위치한, 찰리가 사는 도시의 사람과 도시의 환경, 윌리 웡카의 경쟁자들까지 포함된다.

이해관계자를 고려하자는 아이디어는 1930년대부터 존재하였고, 기업이 주주에게 소유권이 있다는 사실을 인정하면서도 기업이 주주를 위한 경제적인 성과를 만들어 내는 것 외에 다른 이해관계자들을 고려하여야 한다는 생각이 발전하였다. 대공황이라는 당시의 시대적 상황이 영향을 미쳤을 것이라고 추정할 수 있다.

기업을 경영하는 사람들이 주주뿐만 아니라 근로자, 소비자, 일반 대중을 배려하여야 한다는 시각은 이미 오늘날 기업계에서 기업과 대중의 견해 양쪽에 모두 영향을 미칠 수 있는 위치에 있는 사람들에 의해 발전되었다. 하지만 기업 경영자 측에서 이런 태도를 고려하는 것이 주주를 대리하기 위해 선발된 대리인으로서 법적인 의무와 양립할 수 있는지에 대한 고민은 거의 시도되지 않은 것으로 보인다.

사회의 경제적 조직인 기업은 사유된 재산이며 사회는 그에게 기업 소유주의 재산상의 권리가 줄어들더라도 근로자나 소비자의 이익을 보호하는 방안을 마련하기를 요구하곤 한다.

전 세계의 많은 회사들은 장기적인 주주가치를 추구하는 과정에서 다른 이해관계자를 만족시켜야 한다. 고객, 공급자들, 직원들의 필요를 무시하면서 장기적인 가치를 만들어낼 수는 없다. 지속가능한 성장에 대한 투자는 개인들을 위한 더 강한 경제, 더 높은 생활수준, 더 많은 기회를 만들어 낸다.

기업은 단순히 재화와 서비스의 공급자일 뿐만 아니라 직원들의 일터, 제품의 품질, 환경 보호, 윤리적인 노사관계 등에 대해 의사결정을 하고 그에 상응하는 책임을 갖고 있다. 이해관계자들과의 관계를 책임 있게 유지함으로써 기업은 수익을 창출할 뿐만 아니라 이해관계자들의 관계에 방점을 두고 그들을 통해 이익을 최대화하고 비용을 절감하며, 리스크를 예방할 수 있다. 기업의 성과는 기업이 관계 맺는 여러 이해관계자들과의 원활하고 전략적인 소통을 통해 만들어질 수 있다. 달리 말하자면 이윤을 창출하는 기업의 역량은 이해관계자와의 관계를 조율하는 능력에 영향을 받는다. 가령 높은 보수, 복지혜택, 직원들의 의사를 반영하는 기업문화, 성장을 위한 기회 등 직원들을 잘 대우하는 기업은 우수한 인재를 모으기 쉽고, 이는 기업의 운영성과를 향상하는데 기여한다.

공급자와의 관계도 중요한데 어떤 경우에는 공급자가 기업의 역량을 좌지우지하기도 한다. 반도체 생산에 필수적인 극자외선 노광 장비의 경우 네덜란드의 ASML은 독보적인 지위를 차지하고 있다.

정교한 노광공정이 필수적인 최신 반도체 시장에서 유일한 지위를 가진 공급자이므로, 장비나 시설의 중요성이 높은 반도체 업계의 생산자에게 ASML과의 관계는 수익 창출과 기업의 존속을 위해 매우 중요하다. 우수한 공급자들과의 관계는 기업의 역량에 큰 영향을 미치며, 우수한 평판을 만들어 내거나 혹은 평판에 악영향을 미칠 수 있다.

테슬라는 그들에게 광물을 공급하는 공급자들에게 테슬라의 윤리강령과 관련된 정책을 적용하고 갈등 없는 공급을 위해 노력하고 있다. 공급자와의 계약에서 테슬라의 정책을 따를 것을 요구하고 그들이 사회적, 환경적, 지속가능성 이슈를 다루며 책임 있는 태도로 공급할 것을 계약에서 요구한다. 갈등 광물은 탄탈륨, 주석, 금, 텅스텐과 이에서 파생된 원료들을 말하고, 테슬라는 공급자들에게 정책, 듀딜리전스 프레임워크를 마련하고 OECD 가이드라인에 맞는 경영 시스템을 갖추기를 요구한다.

소비자들과의 관계도 마찬가지이다. 소비자들은 자신이 원하는 재화나 서비스를 기업에게 요구한다. 소비자들이 원하는 가치를 전달하는 것은 기업의 수익과 성장에 있어서 필수적인 활동으로, 기업은 소비자들이 원하는 것을 알고, 그들의 욕구를 충족할 수 있는 제품이 있다는 것을 알리며, 심지어는 소비자들의 욕구를 만들어내기 위해 노력한다.

또한 소비자들은 해당 재화나 서비스가 그들이 추구하는 가치에 부합하는 과정을 거쳐 생산되었는지에도 관심을 가진다. 동물실험 반대, 비건과 같은 소비 트렌드들이 그 사례이다. 소비자들은 그들의 가치와 부합한다고 여겨지는 제품이나 서비스에 대해서는 호의적인 태도를 갖는다.

공정무역 커피에 대한 선호도를 조사한 한 연구에서 응답자들의 35%는 공정무역 커피에 대해 더 비싼 가격을 지불할 용의가 있고, 공정무역 커피에 대해 지불할 의사가 있는 평균적인 가격 프리미엄은 10%였으며 공정무역 커피의 지지자들은 36%까지 가격을 지불할 용의가 있다고 응답했다.

지역사회는 기업이 지역에서 사업을 영위하면서 지역 내에서 더 많은 고용을 만들어내고, 지역에서 생산되는 자재를 소비하며, 직원들에게 임금을 제공하고 세금을 납부하기를 바란다. 또한 오염물질이나 폐기물을 적게 만들어 내거나 책임 있게 처리하고 지역 공동체를 위해 지원하기를 바란다. 지역사회는 기업의 사무실이나 생산 공장 또는 건설현장이 위치한 지리적인 위치로서 물리적 접근성과 높은 상호 영향력을 갖고 있다. 지역사회와의 원활한 관계는 기업 활동에 사회적인 지지를 확보하고 리스크를 감소하며 필요한 인재를 구하는데 긍정적인 역할을 한다.

이해관계자들이 원하는 것을 알고 충족하는 것은 기업의 이익창출과 성장에 도움을 줄 수 있을 뿐만 아니라 환경적, 사회적 성과를 만들어내는 동력이 되기도 한다. 이해관계자들은 기업에게 단순히 경제적인 것보다 다양한 종류의 가치를 요구하고, 기업 또한 그들에게 반응하기 때문이다. 기업은 사회, 환경, 거버넌스에 대한 노력을 경영 활동에 통합하기를 요구받고, 이를 이해관계자들에게 요구할 수 있다. 이러한 과정에서 기업은 ESG 역량을 갖춘 이해관계자 네트워크를 만들어낼 수 있고 이는 기업의 지속가능한 성장에 기여하며 비재무적 성과를 창출하고, 환경과 사회에 대해서도 긍정적인 영향을 만들어낸다.

기업은 단순히 주주의 대리인으로서 수익을 창출하는 것을 넘어, 그 경영 활동에 있어 수많은 이해관계자들과의 관계 속에서 움직이는 일종의 사회단위로서 기업이 가지고 있는 영향력에 걸맞은 책임을 가져야 한다. 기업은 직접적으로 그들의 재화와 서비스를 사용하는 소비자들의 삶의 질에 영향을 미칠 뿐만 아니라 직원과 공급자들, 간접적으로 직원과 공급자들과 생계뿐만 아니라 생활을 같이 하는 사람들에게도 영향을 미친다. 아울러 기업이 위치하고 있는 지역 공동체, 기업의 공급자들이 위치하고 있는 지역 공동체도 그 영향을 받는다. 기업 또한 이해관계자들과의 관계에 따라 역량이 좌우되기도 하는데, 이해관계자들로부터 제공받는 가치가 높을수록 우수한 성과를 만들어내기 쉽다. 이해관계자들을 고려한 경영 활동은 그 자체로 큰 영향력을 가진 사회 단위로서의 기업이 갖는 책임감으로 인하여 중요하고, 또한 기업의 경쟁력을 향상시키는 중요한 전략으로서도 중요하다.

사회적 책임을 고려할 때에 이해관계자 이론은 사업결정에 있어 기업의 영향을 받는 모든 이해관계자를 고려해야 한다고 주장한다. 결국 이해관계자 이론은 임팩트 투자, 네거티브 스크리닝, ESG 관여를 지지하게 된다.

4. 공유지의 비극

지구 환경은 공공재로서, 지구에 살아가는 모두가 함께 사용하는 자원이다. 공공재에 대해서는 공유지의 비극이 발생하게 된다. 공유지의 비극의 개념은 1833년 윌리엄 포스터 로이드(William Forster Lloyd)가 발간한 〈Two Lectures on the Checks to Population〉에서 처음 제시되었다. 개인의 초지와 공유지에서의 가축의 포화점은 다르고, 공유지에서의 포화점이 더 높으므로 전체 가축의 양은 늘지만 결국 공유 초지의 자원 고갈을 가져온다는 개념이다. (The stock would be increased, and would be made to press much more forcibly against the means of subsistence.)

개릿 하딘은 1968년에 쓴 〈The Tragedy of the Commons〉에서도 이 개념을 좀 더 깊이 연구하였다. 하딘은 각자에게 합리적인 선택이 사회 전체를 위해서는 비합리적인 선택이 되는 현상을 설명하며 공유지의 비극을 그 사례로 활용하였다. 공유지에 방목하는 가축이 증가할수록 그 공유지를 활용하여 개인이 가져오는 이익은 늘어나지만 모든 사람이 공유지에 가축을 풀어놓게 되면 결국 공유지가 감당할 수 있는 것 이상의 가축이 풀을 뜯게 되어 공유지가 황폐화되어 더 이상 활용할 수 없게 된다는 것이다.

이성적인 존재로서 각각의 가축 기르는 사람은 그의 이익을 최대화하고 싶어 한다. 명시적으로 혹은 암묵적으로, 다소 의식적으로 그는 "내 가축무리에 동물을 하나 더 추가하는 게 나한테 어떤 효용이지?"라고 묻고, 그 효용은 하나의 부정적 요소와 하나의 긍정적 요소를 갖고 있다. 긍정적 요소는 한 마리의 가축이 증가하는 것이다. 가축을 기르는 사람은 추가적인 동물을 팔아서 얻은 이익을 모두 받으므로 긍정적인 효용은 거의 1에 가깝다. 부정적인 요소는 하나의 추가적인 가축에 의한 추가적인 과도한 방목이다. 하지만 과도한 방목의 효과는 모든 가축 기르는 사람들에게 공유되고, 각각의 의사결정자에게 돌아가는 부정적인 효용은 -1이 채 안 된다. 각각의 효용을 합해보면 이성적인 가축 기르는 사람이 추구해야 하는 합리적인 선택은 또 다른 가축을 그의 무리에 추가하는 거라고 결론 짓게 된다.

그러나 공유지를 공유하는 모든 이성적인 가축 기르는 사람이 모두 이 결론에 도달하게 된다. 여기에 비극이 있다. 세계는 제한이 있음에도 각각의 사람이 제한 없이 그의 가축 무리를 증가시키기를 추구하는 시스템 속에 갇히게 된다. 파멸은 공유지에서의(제한 없는 사용의) 자유가 있다고 믿는 사회 속에서, 모든 사람이 각자 그의 이익을 최대로 추구하면서 도달하게 되는 최종도착점이다. 공유지에서의 자유는 모두에게 파멸을 불러온다.

하딘은 오염도 공유지의 비극이라고 볼 수 있다고 주장하였는데, 공유지에서 발생하는 이익을 개인이 아무런 비용을 치르지 않고 모두 가져가버림으로써 이익을 발생시킬 공유지 자체가 없어지는 상황을 예로 들어, 오염물질 방출에 아무도 비용을 치르지 않고 무단 방출하여 그로 인해 발생한 불이익이 사회 전체로 전가되고 환경이 황폐화되는 상황을 설명하였다.

공유지의 비극은 오염 문제에 있어서 상반된 방식으로 다시 나타난다. 공유지에서 뭔가를 가져오는 것에 대한 질문이 있지만, 무언가를 가져다두기도 한다. 폐기물, 화학물질, 방사능, 수중의 폐열, 공기 중의 유독하고 위험한 연기, 신경 쓰이고 불쾌한 광고 싸인 등이다. 효용의 계산은 이전과 같다. 이성적인 사람은 그가 부담해야 하는 비용인, 공유지에 방출한 폐기물 비용이 폐기물을 정화해서 배출하는 비용보다 적다는 사실을 발견한다. 이것이 모두에게 사실이기 때문에 우리가 오직 독립적이고 이성적이고 자유로운 기업가로 행동하는 한 우리는 '둥지를 오염시키는' 시스템 속에 갇힌다. 음식 바구니로서 공유지의 비극은 사유재산이나 공식적으로 이와 유사한 것을 통해 회피된다. 그러나 우리 주위의 공기나 물은 펜스로 나눌 수 없고, 시궁창으로서 공유지의 비극은 다른 수단들, 오염을 만드는 사람에게 그의 오염물질을 제대로 처리하는 것이 처리 없이 무단 방출하는 것보다 저렴하게 만드는 강제적인 법률이나 조세수단을 통해서만 예방될 수 있다.

하딘이 지적한 것처럼 공유자원을 제한 없이 사용하거나 그가 만들어낸 환경적 위해요소나 정화를 위한 부담을 다른 사람에게 전가하는 행위는 개인의 이기심에서 비롯되어 사회 전체에 위해를 끼치는 비윤리적인 행위이다. 따라서 자연자원을 사용하면서 자신에게 주어진 몫만큼만 사용하고 자신이 만들어낸 오염을 정화시키는 것은 친환경적인 행위이면서 동시에 자신이 사용한 만큼 비용을 지불하는 윤리적인 행위이기도 하다.

지구에 사는 모든 사람이 공유하는 자원으로서의 지구를 각자의 편리대로 사용하고 그 사용에 대한 대가를 제대로 지불하지 않는다면 결국 그 비용의 합은 계속 커지게 되고 지구에 있는 모든 사람이 그 대가를 공동으로 지불하게 된다. 모든 사람이 개인의 소비에 대한 비용을 사회로 전가한다면 그 비용의 합은 비합리적으로 커져서 공유자원을 파괴할 수준에 이른다는 것을 로이드와 하딘의 설명에서 알 수 있다.

따라서 오염을 줄이고 자원을 재사용하며 자연을 보호하려는 일련의 친환경 활동들은 개인이 소모하는 자원의 양을 줄이거나 방출하는 폐기물의 양을 줄이고 지불할 수 있는 범위에서 자원을 사용하며 사적이익의 극대화가 사회적 이익을 침해하지 않도록 하기 위한 행위로서 사회 전체를 배려하는 윤리적 행위로 볼 수 있다.

환경 문제에 있어 환경을 배려하는 행동은, 그것이 기업활동이든 개인적인 소비이든 간에, 환경에 대해 발생시킨 비용을 치르는 행위이다. 이러한 비용은 생산되는 재화와 서비스의 가치 산정에 반영되어야 하고, 기업의 이익을 환경보호와 정화를 위해 환원하거나, 비용이 증가하더라도 환경을 배려한 생산과정을 운영하거나, 환경을 생각하는 재화나 서비스에 프리미엄을 붙여 구매하는 방식으로 실제로 환경을 보호하는 데 투입되어야 한다.

사회에 있어서도 마찬가지인데, 적절히 해결되지 못한 사회문제는 혼란, 사회적 갈등, 인권 침해, 갈등조정 비용의 발생, 인적자원의 손실, 복지 재원의 과도한 팽창과 같은 문제로 연결되어 결국 그 피해와 비용이 다시 사회로 돌아오게 된다. 기업의 경우에는 높은 퇴사율, 기업 내 갈등의 빈발, 법적인 분쟁, 평판 관리, 공급망 내 잠재적인 문제, 매출 감소, 주가의 하락 등과 같은 문제가 발생할 것이고,

개인의 차원에서는 일상생활에서의 갈등의 증대, 높아지는 세금 부담 등이, 사회 전체에서는 사회적인 갈등과 혼란으로 인한 불안, 복지수요의 과도한 팽창, 증세로 인한 불만 등이 문제가 될 것이다.

비용을 치르지 않은 사용으로 인해 발생한 환경과 사회의 문제가 증폭되어 그 비용이 감당할 수 없게 되기 전에, 자신이 사용하는 환경적, 사회적 자원에 상응하는 비용을 치르고 책임 있게 행동할 필요가 있다.

5. 21세기의 칸트적 태도

칸트의 철학은 어떠한 목적을 가진 옳음이 아닌 그 자체로서 목적인 옳음을 추구한다. 그의 유명한 말 중 '인간을 목적으로서 대하라'는 문장은 이성을 가진 존재인 인간을 다른 목적을 위한 수단이 아닌 그 자체로서 존중받아야 할 존재로서 대하라는 뜻이다. 칸트의 생각은 현대의 인권 개념에 기초를 제공하였다.

칸트의 〈윤리형이상학 정초〉는 공리주의에 대한 파괴적인 비판을 촉발하였다. 그에 따르면 도덕의 목적은 행복의 최대화가 아니다. 인간을 목적으로서 존중하는 것이다. 칸트의 이 저작은 1776년 미국 독립혁명과 1789년 프랑스 혁명 사이인 1785년에 출간되었다. 이 혁명들의 정신과 도덕적 전진에 맞추어 칸트의 저작은 18세기의 혁명과, 21세기의 '인간의 권리'라는 이념에 강력한 기초를 제공하였다.

　사회 전체의 행복을 최대화하는 것이 정의라는 공리주의적 입장과는 달리, 칸트는 옳은 일을 옳음 그 자체를 위해서 행하는 것이 도덕적이라고 주장한다. 어떠한 일을 하는 동기가 자신의 효용을 증가시키기 위해서라면, 그 결과가 도덕적이고 칭찬받을 만하다고 해도 그것은 도덕적인 행동이 아니다. 오직 도덕적인 행동 그 자체를 목적으로 한, 정언 명령에 따른 행동만이 도덕적이다.

　공리주의자들은 개인 또는 행복을 최대화하는 일이 정의롭다고 생각한다. 행복을 최대화하기까지 걸리는 시간에 따라 동일한 행동이 정의롭거나 정의롭지 않을 수 있지만 행동의 목적은 행복을 최대화하는 것이라는 점에서 동일하다. 예컨대, 10명의 사람이 케이크를 열 조각 가지고 있다고 가정하자. 케이크가 가지고 있는 효용은 케이크를 먹을 때마다 점차 늘어나지만 케이크를 무한정 먹을 수는 없고 케이크를 세 조각 이상 먹으면 한계효용에 부딪혀 효용이 오히려 감소한다. 에컨대 케이크를 하나 먹을 때의 효용은 1, 두 개 먹을 때의 효용은 1.8, 세 조각을 먹을 때의 효용은 2이지만 네 조각부터는 효용이 다시 0.5씩 감소한다. 한 사람당 케이크를 세 조각 먹었을 때 개인이 가지는 효용이 최대가 된다. 이 때, 전체 효용을 최대로 늘리는 방법은 한 사람이 한 조각씩 케이크를 먹어 10의 효용을 만드는 것이다. 한 사람이 두 조각씩 먹어 5명은 케이크를 먹고 5명은 먹지 않으면 효용이 9가 되고, 한 사람이 세 조각씩 먹어 세 명은 세 조각을 먹고 한 명은 한 조각을 먹어 총 네 사람이 케이크를 먹게 되면 효용은 7이 되기 때문이다. 따라서 한 사람이 한 조각씩 케이크를 먹는 것이 효용을 최대화하는 방법이기에 공리주의는 이를 옳은 방식으로 선택한다. 케이크를 먹지 못한 사람들이 가지는 소외감은 논의에서 배제된다.

그러나 칸트에 따르면 한 사람당 한 조각씩 케이크를 먹어 모두가 케이크를 먹게 되는 것은 그것이 이성적으로 판단했을 때 옳은 일이기 때문에 도덕적인 선택이 된다. 케이크의 분배가 가져다주는 효용보다는 케이크를 동일하게 나누는 행동 자체가 모든 사람을 평등하게 대하는 일이기 때문에 그것을 도덕적인 선택이라고 부를 수 있다.

ESG에서도 마찬가지로, ESG를 실천하고 그를 통해 사회적, 환경적으로 기여하는 선택을 해야하는 것은 그것이 옳은 일이기 때문이다. 규칙을 지키면서 자유롭게 사적인 이익을 추구하는 것은 자연스러운 일이고, 그를 통해 더 나은 생산성을 만들어내는 것이 인류의 발전을 이끌어왔다. 그러나 발전은 옳은 일이지만 추구될 가치가 있는 다른 옳은 일도 있다. 사회의 구성원으로서 책임 있게 행동하고, 타인을 돕고, 자연을 보호하기 위하여 오염을 감소시키고 깨끗한 환경을 만들기 위해 노력하는 것은 누구에게나 통용될 수 있는 도덕적인 행동이다.

ESG를 고려하여 윤리적으로 행동하는 것은 그것이 투자수익률에 영향을 미치거나 기업에 장기적 가치를 창출해주기 때문이라기보다는 윤리적인 일이기 때문에 하여야 하는 것에 가깝다. 인간이 가진 이성은 무엇이 도덕적인 선택인지 판단할 수 있고, 자유의지에 따라 행동할 수 있다. 자유의지를 가진다는 것은 주어진 상황에서 주어진 선택지를 고르는 것이 아니고 이성을 가지고 목적 자체를 선택하는 것이다. 이것을 '자율'이라고 부른다.

자유롭게 행동하는 것은 자율적으로 행동하는 것이다. 자율적으로 행동하는 것은 자연의 지배나 사회적 관습에 따르는 것이 아니라 내가 나 스스로에게 준 법칙에 따라 행동하는 것이다. 이것이 자율성으로서의 자유와 칸트의 도덕에 대한 생각 사이의 연결이다. 자유롭게 행동하는 것은 주어진 목적을 향한 최선의 수단을 선택하는 것이 아니다. 그것은 목적 자체를 목적으로 선택하는 것이다. 인간은 할 수 있고 당구공은 못 하는 선택이다.

자율을 통해 인간은 무엇을 하고 하지 말아야 할지에 대해 스스로 생각하고 원칙을 세우게 된다. 이 원칙은 어떤 결과를 조건으로 하지 않고 그 자체로서 행해져야 하는 것으로서, 원칙 자체를 목표로 한다. 자유의지에 따라 행동하는 사람은 자율을 가지고 무엇이 도덕적이고 도덕적이지 않은지를 판단하는데, 개별적인 주제에 대한 판단 또한 도덕적으로 이루어져야 한다.

윤리적 가치를 추구하고 실현하는 것은 단순히 이론적으로만 가능한 일은 아니고, 실천이 뒷받침되어야 한다. 이러한 가치 있는 일들을 하는 데에는 환경, 사회, 거버넌스를 고려하여 투자하는 것과 기업의 재무적 성과와 비재무적 성과를 함께 만들어내는 것이 포함된다. 또한 소비자들이 환경을 고려하고 사회적으로 기여하며 윤리적인 거버넌스를 갖춘 기업에 투자하는 것도 마땅히 그래야 하는 윤리적인 원칙에 따르는 행동이다.

어떤 행동이 도덕적으로 옳기 위해서는 도덕 법칙의 고수만으로는 충분하지 않고 도덕 법칙을 위한 행동이어야 한다. 우리가 행한 행동의 도덕적 가치를 평가할 때, 그것이 행해지게 된 동기를 평가하지 그 행동을 했다는 결과를 평가하는 것이 아니다. 행동에 도덕적 가치를 부여하는 동기는 의무의 동기이고, 이것이 바른 일을 바른 이성을 위해 행한다고 칸트가 한 말의 의미이다. 오직 의무의 동기가 행동에 도덕적 가치를 부여한다는 말에서 칸트는 우리가 가지고 있는 개별적인 의무들을 이야기한 것이 아니다. 그는 아직 도덕적 명령의 최우선 원칙에 대해 말하지 않았다.

환경과 사회를 고려하고 거버넌스를 윤리적으로 만드는 일은 투자수익률에 상관없이 해야 하는 일이다. 그러나 구체적인 실천을 위해서는 자신이 취하려는 행동이 도덕적인 것인지, 정언명령에 따르는 것인지를 확인할 필요가 있다. 이를 위하여 칸트는 정언명령을 판단할 두 가지 기준을 제안한다. 첫째 어떤 행동이 보편화되었을 때

모순이 없는지, 둘째 사람이 그 자체로 목적으로서 고려되고 있는지이다.

어떤 행동을 보편화하여 모든 사람이 그 행동을 한다고 가정했을 때 거기에 모순이 없는 행동은 정언명령에 따른 도덕적인 행동이다. 달리 말하자면 내가 선택한 어떤 행동이 다른 사람의 이해나 권리를 침해하지 않는 행동은 도덕적인 행동인데, 모든 사람이 다른 사람의 이해나 권리를 침해하는 행동이 보편화될 때에는 그 행동 자체가 이루어지지 않는다. 가령, 줄을 서 있을 때 새치기를 하는 것은 도덕적이지 않은 행동이다. 하지만 새치기를 보편화하여, 모든 사람이 새치기를 하게 되면 결국 줄 자체가 없어지고 새치기 자체가 불가능해진다.

폐기물을 마구 배출하거나 자연 자원을 무분별하게 사용하고 자연을 복구하려는 노력을 하지 않는 등 환경을 신경 쓰지 않는 것은 도덕적이지 않은 행동인데, 모든 사람이 자연에 신경 쓰지 않고 이를 소모하거나 훼손하는 경우 자연 환경이 급격히 훼손되고 자원이 고갈된다. 자연이 훼손되고 고갈되어 버리면 인간의 생존 자체가 위협받을 수 있고 사람들은 자연으로부터 아무런 혜택을 받을 수 없다.

또한 인간을 목적으로서 대하는 것은 도덕적인 행동이다. 사람은 그 자체가 목적이고, 다른 목적을 위한 수단으로 활용될 수 없다. 사람과 물건의 가장 큰 차이는 사람은 수단이 될 수 없고 물건은 수단이 될 수 있다는 것이다. 인간이 존엄한 것은 이런 이유 때문이다. 인간은 이성을 가지고 있고, 이성에 따라 그의 본질적인, 그 자신으로부터 비롯된 자유로운 선택을 할 수 있으므로 존엄하다. 사람이 수단이 될 수 있다면 우리는 사람을 물건과 다를 바 없이 대할 것이다.

현실적인 많은 경우에 폭력적인 이유든 경제적인 이유든 사람을 물건으로 대하는 경우들이 발생하곤 한다. 노예제도가 대표적인 사례이며, 극단적인 경우 일부 국가에서는 경제적인 이유로 딸을 판매하는 관습이 잔존해 있기도 하다. 이는 사람을 수단으로서 활용하는 사례이고, 존엄성을 존중하지 않을 때 일어나는 일이다. 마찬가지로 아동을 미래가 있는, 충분히 배우고 성장할 기회가 주어져야 하는 인간으로 존중하는 대신 그를 간과하고 선택의 기회가 주어지지 않는, 수단으로서의 노동력으로 대우하는 아동 노동 또한 사회적 측면에서 근절되어야 하는 사례이다.

칸트에게 인간 존엄성을 존중한다는 것은 사람을 그 자체로 목적으로 대하는 것이다. 이것이 공리주의가 사람들을 일반의 행복을 위해 사용하는 것이 잘못인 이유이다. 무거운 사람을 트롤리를 막기 위해 트랙 위에 두는 것은 그를 수단으로 사용하는 것이고, 그를 그 자체로 목적으로서 존중하는데 실패한 것이다. 계몽된 공리주의자들은 장기적인 관점에서 효용을 감소시킬 이차적인 작용에 대한 걱정에서 아마 그를 밀어넣기를 거절할 것이다. 그러나 칸트는 이것은 밀어넣기를 선택하지 않는 이유로는 잘못된 것이라고 주장한다. 이것은 여전히 피해자가 될지도 모르는 사람을 수단, 사물, 타인의 행복을 위한 단순한 도구로 대하는 것이기 때문이다.

칸트가 말하는 자율은 주어진 선택지 중에서 선택할 자유와는 다르다. 주어진 선택지에 없더라도 스스로가 판단한 목적에 맞는 선택, 필요하다면 틀을 벗어나는 선택을 하는 것이다. 이는 존재하는 재화를 매개로 한 가치 교환을 전제하는 자유시장에서는 이해할 수 없는 생각일 수도 있다. 그러나 시장은 목적으로서가 아닌 수단으로서의 상품들이 거래되는 장소이고, 그에 참여할지, 참여하지 않을지, 어떠한 방식으로 참여할지 혹은 새로운 방식을 제안할지에 대한 결정은 시장 외에서 일어난다.

ESG는 그 자체를 목적으로 하는, 도덕법칙에 따른 선택을 통하여 시장에 새로운 방식을 제안하는 새로운 패러다임이다. 시장에서 거래되는 재화의 가치를 측정하는 방법은 달라질 수 있고, ESG는 시장에서의 재화에 재무적 가치뿐만 아니라 비재무적 가치까지 고려하여 산정하기를 요구한다.

자본주의 시장경제 체제는 경제체제이지만, 경제 외에도 사회의 많은 부분에 영향을 미친다. 사람들의 사고방식, 가치를 측정하는 방법, 윤리의 근거까지도 영향을 준다. 가치 산정에 새로운 방식을 도입함으로써, 자유시장에 변화를 주는 이러한 방식으로 ESG는 다시 사람의 삶에 새로운 제안을 할 수 있다. 윤리는 그 자체로 추구될 가치가 있고, 인간은 그 자체로 목적이다. 이를 실현하는 방법으로서 ESG는 구체적인 행동의 범주를 제안하고 그를 이루기 위한 개념적 바탕이 된다.

6. 사회 속의 기업시민

Berle and Means는 그들의 1932년 저작인 〈현대 기업과 사유재산(The Modern Corporation and Private Property)〉에서 기업은 단순히 법적인 장치를 넘는 존재로, 한때 존재한 봉건 제도와 마찬가지로 기업도 '기업 제도'라고 선언하였다. 이 선언은 기업에 대한 인식을 바꾸어 중요한 사회적 기관으로 다루어지게 했다. 그들은 일종의 제도, 혹은 사회적 기관이라는 측면에서는 공적 존재인 기업이, 공익과 관련되는 상황에서 어떻게 사유 자산이자 사적 이익을 추구하는 기업으로서의 성격과 조화를 이룰 수 있는지를 설명하였다. 공공의 이익을 우선하기 위해 설립된 기업은 박애주의적인 노력을 기울이고, 양심적으로 기업을 운영할 두 가지 의무가 있다고도 주장하였다. 그들은 앤드루 카네기의 많은 저작과 연설을 자신들의 주장을 뒷받침할 사례로 활용하였다. 카네기는 1899년 부유한 개인과 기업은 모두 부, 영향력, 기회와 같이 그들에게 주어진 특권이 존재하게 해주는, 그들이 속한 사회에 대한 의무가 있다고 주장하였다. 20세기초반 카네기의 영향력은 널리 퍼져나갔고 Berle and Means의 주장과 결합하여 사회 속에서 기업의 역할에 대해 큰 영향을 미쳤다. 카네기의 사례에서 영향을 받은 록펠러는 1913년 출범한 록펠러 재단에 1억 8,300만 달러를 기부하였다. 록펠러는 기업의 사회적 책임에 대한 관심을 이어갔고, 학술적인 연구를 지원하였다.

현대 사회에서 기업은 단순히 경제적인 이익을 추구하는 조직이라기보다 사회의 한 축을 담당하는 조직으로서 제품과 서비스뿐만 아니라 일자리를 제공하고 근로자와 그에 달린 식구들의 삶에도 영향을 미친다. IMF의 사례에서 볼 수 있듯이 경제 위기는 대부분의 사회 구성원의 삶에 위기를 가져온다. 경제적 기반을 구성하는 일자리를 잃는 것은 시장경제로 돌아가는 사회에서 개인의 생존을 위협하는 큰 위기가 되며, 부양가족을 비롯한 그 주변인들에게도 영향을 미친다. 또한 기업은 그들이 가진 자본과 영향력으로 인하여 더 많은 정보를 다루고 더 영향력 있는 의사결정을 하며 더 많은 사람들에게 대해 파급력을 가진다. 기업의 사명이 오로지 이윤추구라고 하기에 기업이 가진 영향력은 지대하다. 거대화된 자본은 권력이 되고, 이는 독과점과 같은 시장실패의 문제를 발생시킬 우려가 있을 뿐만 아니라, 오남용될 경우 환경파괴, 착취와 같은 문제를 불러일으킬 수 있다.

현대 대기업의 경영자들은 현대 기업의 지위와 성격에 의해 모든 종류의 새로운 권력을 얻게 되었고, 주주들은 기업 내에서 무엇이 진행되고 있는지 알기가 어렵고 안다 하더라도 이에 개입할 유효한 수단을 얻기 어렵기 때문에 주주들의 감시로부터도 실질적으로 자유로워졌다. 관리자들은 많은 권한을 이양 받았고, 그들이 최대의 주주이익이 관리행위의 유일한 목표가 아닌 것처럼 행동한다는 사실은 관리자의 권력은 기업의 유일한 수혜자인 주주들의 신뢰에서 나온다는 원칙을 강조하기 위해 기업 문제를 연구하는 많은 사람들에 의해 주목되었다.

기업은 자본과 영향력을 가지고 있으며, 거대화되고 복잡해진 현대의 대기업들은 그것을 외부에서는 알기 어렵게, 기업의 지분을 소유한 주주들조차 알기 어렵게 활용할 수 있다. 이때 기업은 경제활동을 위한 조직이라기보다 더 큰 사회적 영향력을 행사하는 위계를 가진 집단이고, 기업이 가지고 있는 정보는 종종 일부 소수에 의해 독점되며 적절한 감시가 없는 경우 오남용될 수 있다. 이러한 상황에서 기업의 윤리를 말하는 것은 필수적이다. 기업은 사회 속의, 보다 큰 영향력을 가진 구성원의 하나로 간주되어야 하고, 그 경영자들은 단순히 주주의 대리인이기만 한 것은 아니다.

기업의 공동체에 대한 의무에 대한 공공의 의견은 많은 변화를 겪고 있다. 이러한 의견의 변화가 기업을 거버넌스하는 사람들에게 영향을 미칠 것이라는 기대는 자연스럽다. 따라서 만약 현대 기업의 경영자들이 동시에 그 소유자라면, 기업이 그의 피고용인과 고객에게 책임감을 가져야 한다는 공공 의견의 발전은 법적인 강제는 아니지만 더 좋은 유형의 기업인에게는 영향을 미치게 된다. 법적인 강제의 우선적인 목적은 보다 계몽된 사람들이 자발적으로 수용하는 기준에 다다를 만큼의 새로운 생각을 받아들이는데 실패한 사람들을 돕는 것이다.

자본주의는 개인의 자유 의지에 사유재산의 활용과 처분을 맡기지만 거대화된 자본은 권력이 되고 독과점과 같은 시장실패의 문제를 발생시키기도 한다. 이때 사유재산의 처분과 활용은 합리적이지 않거나 사회적으로 올바르지 않은 방식으로 이루어질 우려가 존재한다. 또한 시장경제는 자유롭고 합리적인 개인이 자유의지에 따라 시장에서 평등하게 거래를 한다는 고전경제학의 가정과는 달리, 자본의 소유와 배분에 따라 모종의 권력관계를 발생시킨다는 사실을 발견할 수 있다. 시장이 만들어내는 부작용을 방지하기 위해 국가에서는 여러 장치들을 통해 시장이 극단으로 치닫는 것을 방지하고자 한다. 식량 등 필수적인 재화에 대해서는 가격이나 공급량을 통제하기도 한다.

쌀과 같은 필수적인 재화에 대해 직접지불제를 실시하는 것이 그 사례이다. 쌀소득등보전직접지불제는 〈쌀소득 등의 보전에 관한 법률〉 제3조에 따라 농업인 등의 소득안정을 위하여 농업인 등에게 쌀

소득등보전직접지불금을 지급하여 농가소득의 안정을 도모하고 쌀 생산을 유지하기 위한 정책이다. 쌀과 같이 주식이 되는 작물은 사회 전반의 안정을 위해서라도 생산량을 일정수준 이상으로 유지할 필요가 있다. 이를 시장에만 맡겨놓는다면, 기후의 영향을 많이 받는 농업의 특성상 풍년인 해에는 공급이 지나치게 많아져 가격이 떨어지고, 흉년인 해에는 공급이 지나치게 되어 가격이 상승하게 되면서 매년 공급량의 변동성이 커져 사회 안정에 불리하다. 또한 적절한 시장가격이 형성되지 않을 경우 쌀 생산 자체가 사라지게 되어 식량에 대한 수입 의존도가 높아지게 되면 식량 부족 사태를 맞게 되었을 때 대처가 어려울 수 있다. 시장은 만능이 아니고 시장에서의 자유로운 선택이 모든 문제를 해결해주지는 못한다. 시장의 참여자들은 고전 경제학의 가정 외에도 사회를 구성하고 유지하는 일원으로서 행동 규칙을 익힐 필요가 있다. 이러한 시각은 시장경제의 발전, 대공황과 같은 실패를 겪으며 발전해왔다.

기업이 만들어내는 가치는 단순히 주주들에게 돌아가는 경제적 이익을 넘어 관련된 이해관계자들에게도 큰 영향을 미친다. 기업은 고용을 창출하고, 근로자와 그와 생계를 같이하는 사람들에게도 영향을 미치며, 기업이 위치한 지역전체의 상황을 바꿔놓기도 한다.

음성군은 산업단지를 조성한 이후, 세입의 증가를 보여 왔다. 2005년 기업들이 입주한 이후 2007년부터 2014년까지의 납세에는 여러 변화가 있었다. 가장 많이 납부된 재산세, 자동차세, 주민세, 지방소득세를 보면 주민세를 제외한 3가지 세목은 각각 23.1%, 4.1%, 19.1%의 증가세를 보였으며 주민세만이 21.4% 감소하였다. 또 입주한 중소기업들의 매출과 세목별 상관관계를 분석한 결과 지방소득세가 가장 높은 0.72%, 재산세 0.69%, 자동차세 0.3%, 주민세 -0.07% 등의 값을 얻었다. 이러한 결과 값을 통해 지역에 유치된 기업들의 이익 창출을 통한 매출액이 증가함에 따라 지방소득세와 재산세의 상관관계가 높음을 알 수 있었다.

기업은 그들이 가진 자본을 더 나은 사회를 만드는 데 사용할 수도 있다. 기업이 이윤이 만들어지는 과정에서 자연 자본을 소모하고 때로는 부정적인 영향을 미칠 수도 있기 때문에 기업이 사회에 대해 책임을 가져야 한다는 인식이 있다. 기업이 가진 힘은 세상을 더 낫게 만들 수 있고, 이는 사회적인 가치를 만들 뿐만 아니라 기업의 이익에도 도움이 된다.

회사들은 종종 그들의 핵심 사업에 의해 피해를 받는 이해관계자에 대한 책임감을 인식한다. 코카콜라는 그들의 많은 양의 물 소비가 환경에 악영향을 미친다는 사실을 인식한다. 따라서 물 사용량을 낮추는데 더해 코카콜라는 적극적으로 물 프로젝트를 지지한다. 2009년 코카콜라는 Replenish Africa Initiative를 론칭하고 2015년까지 아프리카에서 2백만명이 안전한 식수에 대한 접근성을 가질 수 있도록 3천만달러를 투자하였다. 코카콜라는 생산 과정에 물을 가장 많이 소비하는 기업 중 하나로 그들이 물에 대해 갖는 책임을 알고 기업의 이익을 가장 취약한 곳의 물 환경을 향상하는데 투자하였다. 이러한 선택은 기업활동의 윤리적 정당성을 확보하고 평판을 향상시키며, 시민사회의 지지를 얻는데 도움이 된다.

권력화 된 자본이 올바른 방향으로 쓰이기 위한 새로운 패러다임이 ESG라고 정의되기 때문에 투자자와 기업은 ESG를 고려하여 투자와 기업 활동을 할 것이 요구된다. 이를 통해 자연 환경을 보전하고 정화하며 사회적으로 최소한의 혜택을 받는 사람들이 더 많이 배려 받을 수 있게 하여 모든 인류가 지속가능하고 최소한의 공정한 방식으로 최소한의 필요를 충족할 수 있게 기여할 수 있다. 또한 이러한 선순환을 가능하게 하기 위한 의사결정구조를 만들고 유지할 수 있도록 투명성을 확보하는 것이 병행되어야 지구와 인류의 지속가능한 미래를 창출하는 일의 지속가능성을 담보할 수 있다. ESG는 환경과 사회를 배려하고 한정된 환경적, 사회적 자본을 가장 효율적으로 활용할 수 있는 전략을 찾아내고자 한다. 이는 지구라는 한정된 공간에서 모두가 함께 생존하기 위해 요구되는 현대사회의 윤리이다.

7. 신뢰의 가치

세계적으로 자연자본은 전체 부의 5%, 생산 자본은 18%, 무형자본은 77%를 차지한다.

OECD에서 발표한 세계 GDP의 구성에 따르면, OECD국가들의 GDP가 전체의 66.2%를 차지한다. OECD국가는 미국, 일본, 독일 등으로 구성되어 있다.

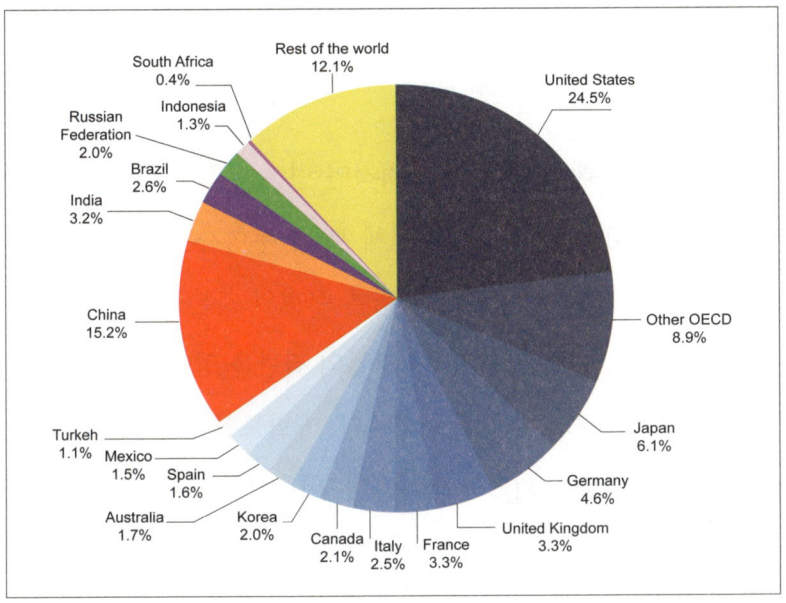

〈2017년 세계 GDP 구성, Shares in world GDP based on exchange rates, 2017, https://www.oecd.org/media/oecdorg/directorates/statisticsdirectorate/2020/ICP-2020-Fig2-Shares-in-world-GDP-exchange-rates-2017.png 〉

무형 자본은 교육수준, 시스템, 신뢰와 같은 사회적 자본을 통칭한다.

사회적 자본은 사회 안에서의 사람들 간의 신뢰 수준과 그들이 공동의 목표를 위해 함께 일할 수 있는 능력이다. 이는 무형 자본 중 하나로 사회 안에서 사람들이 상호 신뢰를 갖고 협력할 수 있게 하며 사회가 원활하게 돌아가는데 필수적인 역할을 한다. 상호신뢰를 갖고 있기 때문에 신뢰가 깨졌을 경우를 대비하기 위한 비용이 줄어들며, 신뢰의 상실로 인한 분쟁이 감소하고 대신 더 긍정적이고 건설적인 방향으로 노력을 기울일 수 있게 된다.

부를 측정하는데 있어 가장 충격적인 면은 무형자본의 높은 가치이다. 표본 중 85%의 국가들이 전체 부 중 무형자본이 50% 이상을 차지했다. 이 결과는 인간자본과 다른 무형의 자본들이 경제발전에 중요한 역할을 한다는 고전경제학자들의 직관을 정당화한다. 무형자본은 소득수준과 지역에 따라 다양하다. 개발도상국에서는 라틴아메리카나 캐리비안베이 지역의 국가들이 인당 4만 9천 달러로 가장 높은 무형자본 수준을 보였으며, 남아시아에서는 4천 달러, 사하라인근의 아프리카 지역에서는 7천 달러보다 적어서 가장 낮은 수준을 보였다.

무형 자본들은 기업이 가지고 있는 가장 큰 경쟁력 중의 하나이다.

'자원 기반 관점'에서는 어떤 회사가 가지고 있든 무형의 자원들이 기업의 경쟁력을 만들어낸다. 즉, 어떤 조직의 무형의 자원들은 생산성에 영향을 미치고, 이를 잘 활용하여 기업의 한계까지 성장을 만들어 낼 수 있다는 뜻이기도 하다. 자원의 가치는 구체성, 이질성, 이동 불가능성의 세 가지에 의해 결정된다.

유형의 자산들은 쉽게 인지할 수 있고 시장에서의 거래도 손쉽다. 이들은 시장에서 판매되거나 구매되기 쉬우며 가치의 산정도 비교적 간단하다. 그러나 기업이 쌓은 무형의 자산들은 유형의 자산과 달리 인지가 쉽지 않고 시장에서의 거래도 어렵다. 기업의 평판, 지적자산, 인적자원, 내부 조직문화와 같은 자산들이 그것이다. 즉, 자원 기반 관점에서 경쟁력을 만들어내는 자원으로서는 무형의 자원이 더 영향력이 있다.

무형의 자산들이 가지는 이질성은 기업이 동종 산업 분야 내의 다른 기업이 따라하거나, 베끼거나, 흉내 내기 어려운 자산일수록 커진다. 이질성을 가진 자원은 독자적이고 구매 등으로 인한 이전이 쉽지 않다. 어떤 이질적인 자원들은 베끼거나 따라하는 데 아주 오랜 시간이 걸리기도 한다. 브랜드에 대한 인지도가 그 사례이다. 브랜드 인지도는 1위와 2위가 많은 차이가 나는 경우가 있다. 이 경우, 1위 업체의 인지도를 갖기 위해서는 2위나 기타 후순위의 기업들은 오랜 시간 노력하여야 하며, 1위 업체의 인지도는 옮겨지기 쉽지 않다는 점에서 그 노력에 상응하는 가치를 가진다.

어떤 자원들은 이질적인 것을 넘어 이동이 불가능하기도 하다. 예컨대 오랫동안 유지되어 온 기업의 경우, 기업의 오랜 역사는 이전이나 교환이 불가능한 자산이다. 역사는 오로지 특정 기업의 역사이며, 다른 기업이 이를 베끼거나 훔칠 수 없다. 혹은 특정 기업이나 특정 조건을 충족했을 경우에만 쓸 수 있는 독점적인 권리들도 한 사례이다. 예를 들어 샴페인의 경우, 프랑스 샹빠뉴 지방에서 생산한 것만 샴페인이라는 명칭을 쓸 수 있다. 다른 지역에서 생산된 것들은 똑같이 기포가 올라오는 포도로 만든 술이더라도 카바, 크레망, 스파클링 와인 등의 이름만 쓸 수 있다.

이러한 무형의 자산들은 기업의 경쟁력을 만들어내는 요소로 활용될 수 있고, 기업의 공급망 또한 무형의 자산이다. 잘 만들어진, 효율적으로 가동하는 공급망은 거래 비용을 감소시키고, 기업의 생산성을 높이며, 공급망에서 발생할 수 있는 리스크를 감소시킴으로써 기업의 리스크도 동반하여 감소하고, 상호 오랫동안 쌓아온 신뢰는 기업이 위기상황에서 버틸 수 있는 힘이 되어준다.

신뢰나 조직문화와 같은 무형의 자산은 여러 사람의 분업과 협업을 생산의 기본으로 하는 경제 체제에서 생산성을 높이는 중요한 자원이다. 이러한 자산들은 시스템의 미비점을 보완하여 주고, 거래비용을 절감하며, 상호 불신으로 인한 분쟁을 예방하고 신뢰를 유지하기 위해 상호 약속을 지키고 최선을 다하는 동기가 만들어지도록 한다.

특히 건설업은 종합가공산업으로서 많은 협력업체와의 협업이 필수적이다. 현대건설의 경우 총 등록협력사는 3,828개로 그중 약 54%는 자재납품 관련, 46%는 시공 관련의 협력사이다. 이들과의 관계를 잘 유지하고 공급망에서 리스크가 없도록 관리하는 일은 기업의 경쟁력을 향상시키는 전략이기도 하다. 삼성물산의 경우 공사부문 협력회사는 532개사로 이들에 대해 연 2회 '공사수행역량평가'를 실시하는 등 공급망 관리를 하고 있다.

공급망의 기업들에게 ESG 개념을 경영에 도입하도록 독려하는 것은 기업이 겪을 우려가 있는 ESG 리스크를 사전에 줄이는 역할을 하기도 한다. 기업이 생산하는 제품은 수많은 협력업체들과의 협업을 통해서 만들어지지만, 많은 소비자들은 협력업체의 이름은 모르고 물건을 최종적으로 시장에 내놓은 기업만을 알기 때문이다. 따라서 제품에 문제가 발생했을 경우, 제품의 생산과정과 관련하여 문제가 발생했을 경우 그에 대한 비난을 받는 것은 소비자들이 이름을 알고 있는 그 기업이다.

2021년 6월 광주에서 있었던 철거 붕괴사고가 한 사례이다. 사고의 발생에는 협력업체의 재하도급 등 공급망에서의 문제가 있었지만, 원청이었던 H회사의 주가에 악영향이 있었다. 사고 이후 이 회사의 주가는 6개월가량 지속적인 하락세를 보였다.

이러한 무형의 자본은 자연발생하지 않고, 기업이 미래에 대한 투자의 일환으로 만들어낼 수 있는 것들이다. 기업의 평판, 인재를 끌어 모으는 내부조직 문화, 합리적인 결정을 하게 만드는 의사결정구조는 기업의 경쟁력을 만들어낸다. 이러한 자산들은 기업의 신뢰도와 지속가능성을 높이는 데에 기여하고, 장기적인 이익을 만들어낸다.

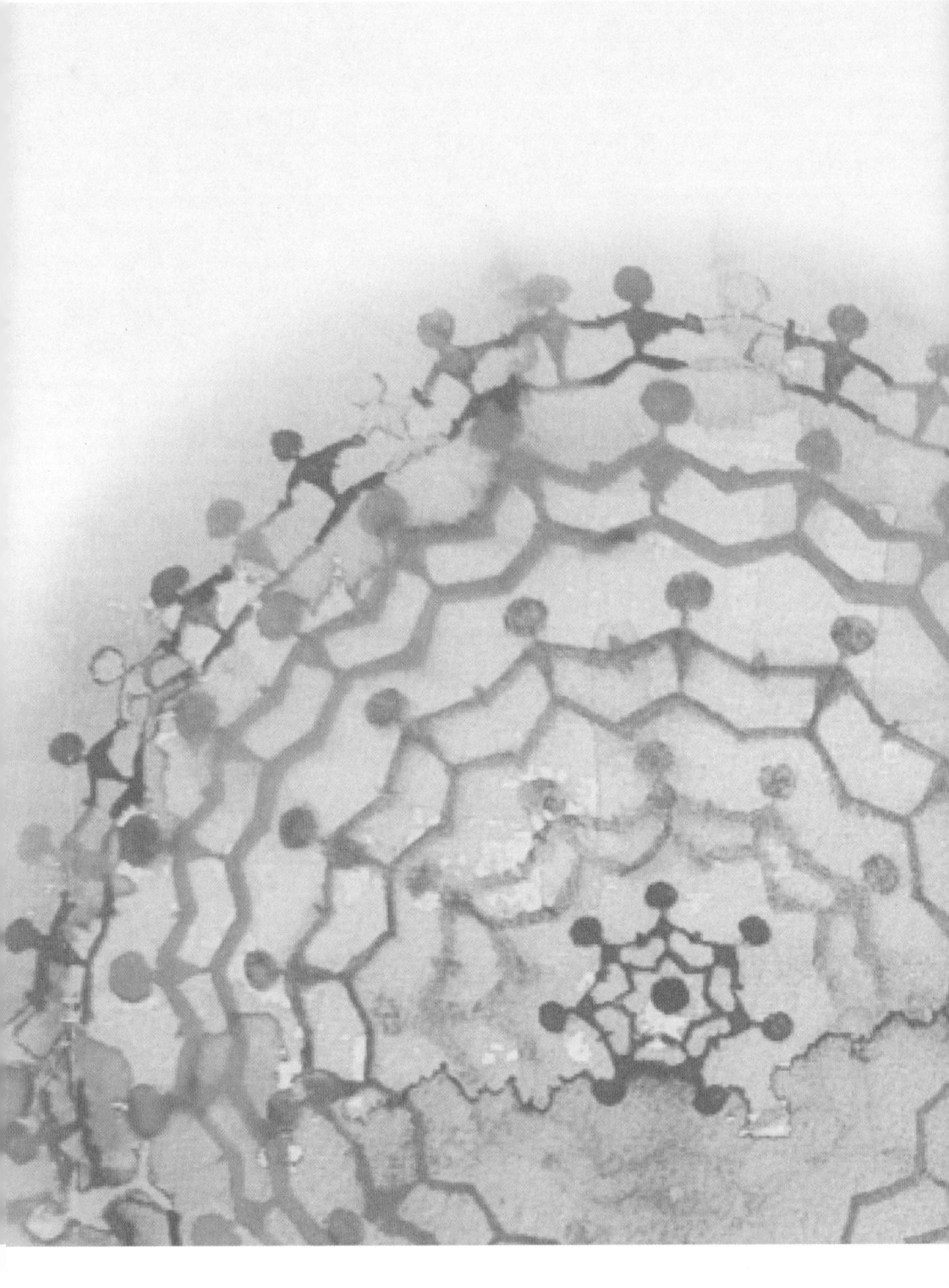

제6장

ESG 이슈별 분류체계

1. E와 S와 G의 결합

2. E와 ES

3. S와 G와 SG

4. EG와 ESG

5. ESG 체계 안의 SDGs 이슈

제6장. ESG 이슈별 분류체계

1. E와 S와 G의 결합

　ESG는 Environment, Social, Governance의 첫글자를 딴 합성어이다. 각각의 주제들은 독립적이다. 주제들에 속한 이슈들은 여집합이거나 교집합이다. 이슈들은 환경 이슈, 사회 이슈, 거버넌스 이슈, 환경-사회 이슈, 사회-거버넌스 이슈, 환경-거버넌스 이슈, 환경-사회-거버넌스 이슈로 각각 범주화할 수 있다. 각각의 범주들은 해당 이슈가 긍정적이거나 부정적인 영향을 미치는지를 기준으로 판단할 수 있다. 환경에만 영향을 미치는 이슈는 E범주, 사회에만 영향을 미치는 이슈는 S범주, 거버넌스에만 영향을 미치는 이슈는 G범주이며 환경과 사회에 동시에 영향을 미치는 이슈는 ES범주, 사회와 거버넌스에 동시에 영향을 미치는 이슈는 SG범주, 환경과 거버넌스에 동시에 영향을 미치는 이슈는 EG범주, 환경과 사회와 거버넌스에 동시에 영향을 미치는 이슈는 ESG 범주이다.

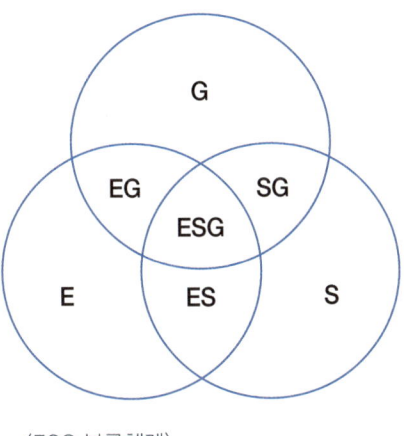

〈ESG 분류체계〉

2. E와 ES

E와 ES에 관련된 주제들은 탄소와 같은 환경 이슈들이 대표적이다. E 이슈는 환경에만 영향을 미치는 이슈, ES는 환경과 사회에 동시에 영향을 미치는 이슈인데, 둘의 차이는 ES 이슈인 경우에는 희소한 자원의 분배에 관련되거나, 외부효과를 발생시키는 환경 문제

를 말한다. E 이슈는 대개 자연에 긍정적이거나 부정적 영향을 미치고 사회적인 불편이나 혜택은 유발하지 않는 경우의 이슈들로 구분할 수 있는데, 폐기물을 재활용하거나, 종다양성을 보호하거나 증진하고, 친환경구매를 실천하고, 사용하는 물의 양을 감소시키는 등이 사례이다. ES 이슈는 탄소배출이나 토양오염과 관련된 이슈나, 자원을 절약하고, 폐기물을 저감하고, 수질오염을 회복하거나, 환경과 관련된 이니셔티브에 참여하는 등을 말한다.

어떤 환경 이슈는 희소한 자연 자본의 배분과 관련된다는 점에서 본질적으로 사회 이슈이다. 특히 탄소배출과 같은 경우는 전 지구적인 기후변화와 관련되어 있다. 산업혁명 이후 배출된 탄소의 양은 아직까지도 영향을 미치고 있고, 지구의 기온 상승은 오랜 시간에 걸쳐, 많은 세대에 걸쳐 진행되어 왔다. 그러나 이산화탄소의 과잉으로 인한 기후변화의 피해는 특정한 지리적, 인문적 조건에서 거주하는 사람들에게 우선 돌아간다. 기후변화는 태평양의 어떤 섬들을 가라앉게 하고, 가뭄을 일으켜 농작물을 흉작이 들게 한다. 탄소배출은 제조업이 발달하거나 제조업 발달 다음 단계의 경제 수준을 향유하는 국가들에서 더 많이 이루어졌지만 그로 인한 피해는 전 지구적이다. 이러한 상황에 대응하기 위해서는 환경문제가 가지고 있는 사회적 측면을 이해하는 것이 필요하다.

지구온난화에 따른 급격한 기후변화로 인해 오늘날 지구촌 곳곳에서 한파와 폭설, 집중호우, 가뭄 등 이상기후가 더 자주, 더 강하게 발생하면서 인명과 재산 피해뿐만 아니라 보건과 환경문제로까지 확산되고 있다. 우리나라도 예외는 아니어서 이상기후로 인한 피해가 도시화·산업화·정보화로 복잡해진 사회 환경에 심각한 영향을 주는 국가적 재난 유형으로 발전하고 있고, 국민생활과 산업 전반에 걸쳐 직접적으로 영향을 미치고 있다.

우리나라 기상청에서는 북극진동, 제트기류, 계절몬순, 유라시아 대륙의 지표상태(눈덮임, 지표면온도, 건조여부 등), 대륙고기압, 북태평양고기압 등과 이상기후들이 어떻게 우리나라에 영향을 미치는지를 감시하고 있다.

예컨대, 엘니뇨·라니냐 감시구역의 해수면 온도의 경향과 해수면 온도 예측모델 결과 등을 〈엘니뇨/라니냐 전망〉으로 지속적으로 발표하고, 매월 〈월간 기후분석정보〉 발간을 통해 우리나라를 포함하여 전 세계에서 나타나는 이상기후를 감시·분석하여 관련 정보를 국민들에게 제공한다. 또한 2010년부터는 이상기후 현황 및 원인과 이로 인한 사회·경제적 영향과 분야별 대응정책을 분석·평가한 〈이상기후 보고서〉를 발간하고 있다.

3. S와 G와 SG

　S와 G와 SG와 관련된 주제들은 다양성이나 사이버보안과 같은 이슈들이다. S 이슈는 사회에만 영향을 미치는 이슈, G는 거버넌스에만 영향을 미치는 이슈, SG는 사회와 기업의 내부 거버넌스에 동시적으로 영향을 미치는 이슈이다. 기업의 내부적인 의사소통은 G와 관련된 이슈로 볼 수 있는데, 직원복지, 기업윤리, 내부통제, 산업재해와 같이 기업 자체에 긍정적이거나 부정적인 영향을 미치는 이슈들을 말한다. S 이슈는 기업의 평판이나 내부적인 의사결정에 상관없이 사회에 영향을 주는 이슈를 말한다. 협의의 CSR, 기업의 기부 등의 박애주의적 행위들이 대표적인 사례이다. SG 이슈는 사회적인 영향을 미치면서 기업에도 영향을 미치는 이슈인데, 오너 리스크, 임직원다양성, 부패방지, 공급망에 관련된 사항, 사이버보안, 소비자 프라이버시, 사회적채권의 활용 등을 이야기한다. 잘못할 경우 사회적인 평판에 악영향을 미치며, 잘할 경우 사회적인 평판에 긍정적인 영향을 미치면서 기업의 대응체계, 의사결정 방식, 규범과 관습 등 거버넌스에 영향을 주는 이슈를 말한다.

　S 이슈는 사회에 긍정적인 영향을 주는 경우가 많다. 부정적인 사건은 기업의 대응 체계 등 내부에 변화할 동기와 적잖은 영향을 미치는 반면, 긍정적인 사건은 기업이 그동안 해오던 방식을 칭찬하고 지

금까지의 사회적 성과를 인정하므로 변화할 유인을 제공하지 않기 때문이다. 기업의 선의에 의한 사회적 기여들은 자주 언급 되지는 않으나, 사회 구조 내의 불특정 다수에게 혜택을 제공하고, 기업과 상관없는, 소비자가 아닌 사람들에게도 수혜가 주어지므로 기업의 사회구성원으로서의 역할을 강조한다는 점에서 중요하다. 대표적인 사례로서 연탄봉사, 벽화, 교육봉사와 같이 선의에 의한 활동들이 있다.

오너 리스크의 경우 우리나라에서 종종 신문에 오르내리는 이슈인데, 재벌가문에 의한 갑질, 경영권 승계를 위한 일탈행위, 재벌2,3세들의 부도덕한 행위들은 사회적으로 큰 파장을 불러일으키고, 기업의 사회적 위신을 위축시키며, 도덕적 정당성을 약화시킨다. 아울러 기업내부에서의 대응을 요구하고, 이 과정에서 대응체계에 변화가 있거나 혹은 없기도 한다. 기업의 관습이나 규칙, 암묵적인 룰들에도 영향을 미치는데, 이미 일어난 사회적 스캔들이 없는 일처럼 넘어갈 수는 없기 때문이다.

공급망의 경우 기업 밖에 있는 조직이라는 점에서 SG 이슈에 해당한다. 공급망에 대한 관리, 공급망을 구성하는 협력업체들이 윤리적인 운영을 할 수 있게끔 지원하고, 실사 등을 통해 촉구하며 탄탄한 신뢰관계를 맺어 기업의 경쟁력을 향상시키는 활동이 그 사례이다. 공급망에 속한 기업에 근무하는 임직원들은 사회의 일원이기도 한데, 이들에게 긍정적이거나 부정적인 영향을 미칠 수 있다는 점에서 사회적인 초점에 있기도 하다.

G와 관련된 활동들은 기업의 사회적 책임과 같은 선의에 의한 행동이 ESG와 차별화되는 중요한 지점 중의 하나이다. ESG에서는 기업의 외부적인 도덕적 행동뿐만 아니라 기업 자체가 올바른 선택을 이어나갈 수 있는 총괄적인 체계를 갖추기를 요구하고, 그를 기업의 거버넌스 방식 내에 통합하고자 한다. 이를 통해 선행을 하는 주체가 아닌 선한 주체를 만들고자 하며, 칸트가 말한 것과 같이, 그것이 선이기 때문에 행하는 도덕적인 행동을 실현하고자 한다. 기업의 이러한 선한 행동은 기업이 여러 사람으로 구성된 조직이라는 점에서 명문화되고 시스템화된 의사결정을 요구하기도 한다.

4. EG와 ESG

EG 이슈는 환경과 관련되면서 거버넌스에도 영향을 미치는 이슈이다. 환경적으로 긍정적이거나 부정적인 영향을 미치면서 동시에 거버넌스에도 미치기 위해서는 환경과 관련된 부정적인 행위들 중 기업에 불이익을 가져오는 행위를 생각할 수 있다. 환경관련 법규를 위반하거나, 그로 인해 제재를 당하는 것과 같은 이슈가 대표적이다. 폐기물 무단방출, 환경에 미치는 영향에 대해 고려하지 않은 사업 진행 등은 환경에 악영향을 미칠 뿐만 아니라, 환경에 신경 쓰지 않은 기업이라는 평판 상의 리스크를 유발한다.

ESG 이슈는 환경과 사회와 거버넌스에 동시적으로 영향을 미치는 이슈이다. 사회적으로 파문을 일으키는 환경과 관련된 사건사고나, 환경에 관한 제도들을 간과하는 것 등이 있다. 1991년 낙동강 페놀 오염 사건 등이 사례이다. 강이 오염되어 수중 생태계에 악영향을 미쳤고 식수원의 오염으로 인해 인근 지역의 주민들은 악취 나는 수돗물을 견디거나 건강에 악영향을 입고 식수가 부족해지는 등 사회적으로 피해가 발생하였다. 페놀 방류가 뉴스에 대대적으로 보도되면서 기업 이미지도 악영향을 받게 되었다.

각각 중요한 개별적이고 독립적인 분야들을 한 데 묶어놓은 ESG의 개념에 따라 각 분야에 동시적으로 모두 해당되는 이슈보다는 각각의 분야에서 화제가 되는 주제들이 더 많다. 환경은 환경대로 중요하고 사회는 사회대로 중요하며 거버넌스는 거버넌스대로 중요하다. 즉, ESG 문제를 한 번에 동시적으로 해결할 수 있는 방법을 찾기는 매우 어렵다. 각각의 문제들은 그 나름의 해법이 있으며, 각각의 상황에 맞게 해결해 나가는 것이 중요하다.

이를 위해 도입된 수단이 〈중요도 맵(materiality map)〉이다. 수많은 ESG 이슈 중 각 기업의 산업적 특성과 비즈니스 모델, 처한 상황에 맞는 ESG 이슈를 선별하고, 기업의 한정된 자본을 효율적으로 활용하는데 도움을 주기 위한 수단이다.

예컨대 월마트의 경우 2021년 ESG 보고서에서 좋은 일자리와 직원들을 위한 발전, 공평과 포용, 지역경제와 공급자, 판매자를 위한 성장, 공동체의 기여, 더 안전하고 건강한 식품과 물품, 재해대비와 회복, 기후와 재생에너지, 생산에서 포장까지의 제로웨이스트, 자연자원의 재생, 지속가능한 공급망, 공급망 내 인간존엄성, 높은 윤리기준, 강한 기업거버넌스, 공공정책의 관여, 디지털 시민, 인권존중을 ESG를 위한 우선순위로 제시하고 있다. 유통기업인 월마트의 특성을 반영하여 포장폐기물, 공급망, 안전한 식품과 물품 등의 이슈를 선정한 것으로 보인다.

5. ESG 체계 안의 SDGs 이슈

ESG 이슈는 SDGs 이슈와도 관련이 있다. SDGs의 목표들은 지구와 인류사회의 지속가능성을 확보하기 위한 17개의 목표로, ESG의 각각의 분야에서도 협력할 수 있는 목표이다. ESG가 보다 실용적인 목적을 위해 만들어졌다면, SDGs는 전 세계가 협업하여 달성하기 위한 구체적인 목표로 2030년까지라는 기한을 가지고 있다. 어떤 목표는 환경과 사회에 모두 해당되기도 한다. 그 중 환경분야의 목표는 6. 물과 위생, 7. 에너지, 11. 지속가능한 도시, 12. 지속가능한 소비와 생산, 13. 기후변화 대응, 14. 해양생태계, 15. 육상 생태계라고 할 수 있다. 사회분야의 목표는 1. 빈곤종식, 2. 기아해소와 지속가능 농업, 3. 건강 및 웰빙, 4. 양질의 교육, 5. 양성평등, 8. 양질의 일자리와 경제성장, 9. 혁신과 인프라, 10. 불평등완화, 16. 평화와 정의, 제도로 볼 수 있고, 거버넌스와 관련된 목표는 17. 파트너십이다.

각각의 목표들은 세부 목표를 가지고 있고, 세부 목표들은 구체적인 지표 체계를 가지고 있다.

1번 목표는 모든 곳에서 모든 형태의 빈곤을 종식하고자 한다. 이를 위해 절대적 빈곤, 상대적 빈곤, 기본적인 경제적 권리의 보장, 활용가능한 자원의 확보, 빈곤종식 정책 등을 세부 목표로 가지고 있다.

2번 목표는 기아종식, 식량 안보와 영양상태 개선의 달성 및 지속가능 농업 강화를 목표로 한다. 기아의 종식, 아동과 취약계층의 영양, 농업생산성, 회복력 있는 농업, 생물다양성, 저개발국의 농업생산역량 강화, 무역장벽 완화, 식량안보를 세부 목표로 한다.

3번 목표는 건강과 웰빙이다. 산모사망률 감소, 영아사망률 감소, 전염병 예방, 조기사망률 감소, 약물남용 감소, 교통사고 감소, 임신 관련 서비스의 확대, 보편적 백신, 대기, 수질, 토양오염의 감소, 담배규제, 모두를 위한 의약품, 저개발국 보건역량 강화를 목표로 한다.

4번 목표는 포용적이고 공평한 양질의 교육을 보장하고 모든 사람에게 평생 교육 기회를 증진하고자 한다. 모든 어린이를 위한 무상교육, 모든 아동의 보육, 모든 사람의 직업교육, 취약계층의 교육훈련, 문해력의 보급, 지속가능발전에 대한 교육의 확대, 포용적인 학습환경, 저개발국을 위한 장학금, 저개발국에 교사 공급을 목표로 한다.

5번 목표는 양성 평등 달성 그리고 모든 여성과 소녀의 역량 강화를 목표로 한다. 여성차별의 종식, 성폭력 종식, 여성착취적 관습의 제거, 가사노동의 가치 인정, 여성의 정치 참여, 성 및 임신보건에 관한 보편적 권리, 여성의 경제권, 여성의 정보교육, 여성인권을 위한 법 제정을 목표로 둔다.

6번 목표는 모든 사람에게 물과 위생에 대한 가용성과 지속가능한 관리를 보장하기를 목표로 한다. 보편적 식수 공급, 공중위생 보급, 수질오염 최소화, 물부족 해결, 범국가적 물자원 관리, 물관련 생태계 복원, 저개발국의 물 관리 역량, 물과 위생에 관한 공동체의 참여가 구체적 달성 목표이다.

7번 목표는 모든 사람에게 적당한 가격의 신뢰할 수 있으며, 지속가능한 현대식 에너지원에 대한 접근성 보장을 목표로 한다. 보편적 에너지 공급, 재생에너지 비중 확대, 에너지효율성 증진, 청정에너지 기술 투자 증진, 저개발국의 에너지 역량 확대를 목표로 한다.

8번 목표는 모두를 위한 지속적이고, 포용적이며, 지속가능한 경제성장, 완전하고 생산적인 고용과 양질의 일자리를 증진하는 것을 목표로 한다. 지속적인 경제성장, 최빈국의 연간 7%의 경제성장, 기술혁신을 통한 생산성, 중소기업의 성장 독려, 경제성장과 환경악화의 분리, 동일노동에 대한 동일임금, 청년고용, 아동노동의 종식, 이주근로자의 근로환경, 관광정책 개발, 금융역량 개발, 저개발국에 대한 무역원조, 청년실업 대응을 목표로 한다.

9번 목표는 혁신과 인프라이다. 모두를 위한 사회기반시설, 포용적이고 지속가능한 산업화, 개도국의 시장개발, 산업의 지속가능성, 저개발국의 기술역량, 저개발국의 회복탄력성 있는 인프라, 저개발국 혁신 지원, 저개발국의 정보통신 인프라 개발을 목표로 한다.

10번 목표는 국내 및 국가간 불평등 감소를 목표로 한다. 소득 격차 개선, 취약계층의 포용, 차별적인 제도 철폐, 사회안전망의 확대, 국가 재정건전성 확대, 저개발국의 국제참여 증진, 이주정책 관리, 저개발국에 대한 무역 우대, 공적개발원조 독려, 이주자 송금거래비용 감소를 목표로 한다.

11번 목표는 지속가능 도시이다. 모든 사람에게 기초적인 주택 제공, 빈민가 개선, 취약계층에게 교통체계의 제공, 도시개발관리 역량 강화, 세계문화유산 및 자연유산 보호, 재난피해 감소, 도시 1인당 환경영향 감소, 안전한 공공장소, 도시와 교외의 연결, 재난위험체계의 증진, 저개발국의 지역건축 지원을 목표로 한다.

12번 목표는 지속가능한 소비, 생산이다. 저개발국의 지속가능한 소비와 생산, 천연자원의 효율적 사용, 식량낭비 감소, 화학물질의 유해성 감소, 폐기물 감소, 다국적기업의 지속가능성 보고, 공공조달 관행, 지속가능한 발전의 인식 조성, 저개발국에 과학역량 지원, 지속가능한 관광, 저개발국의 화석연료 보조금 합리화를 목표로 한다.

13번 목표는 기후변화와 그 영향에 대처하기 위한 긴급대응을 목표로 한다. 기후관련 위험대응과 회복력 강화, 기후변화 대응을 국가정책화, 기후변화를 위한 교육 및 역량 개선, 유엔기후변화협약 공약 이행, 저개발국의 기후변화 관리 역량 개선을 목표로 한다.

14번 목표는 해양생태계이다. 해양오염의 예방, 해양회복력 강화, 해양산성화의 최소화, 파괴적 어업 종식, 연안 및 해양지역의 10% 보존, 어업보조금 합리화, 지속가능한 수산업, 저개발국의 해양연구 역량 강화, 소규모 어업자 시장접근, 대양 및 대양자원의 지속가능한 이용을 목표로 한다.

15번 목표는 육상생태계이다. 육상 생태계의 지속가능성확보, 산림의 복원, 사막화퇴치, 생물다양성, 멸종위기 예방, 불법밀렵, 외래종 관리, 생물다양성과 빈곤종식의 통합, 생물다양성을 위한 ODA를 목표로 한다.

16번 목표는 지속가능발전을 위한 평화롭고 포용적인 사회 증진, 모두에게 정의에 대한 접근제공, 모든 수준에서 효과적이고 책임 있으며, 포용적인 제도 구축을 목표로 한다. 폭력과 사망률의 감소, 아동학대 종식, 정의에 대한 접근, 조직화된 범죄 방지, 부패방지, 투명성, 참여하는 의사결정, 저개발국의 국제적 참여, 모든 사람의 법적

신원, 정보공개, 범죄방지를 위한 국제협력, 비차별적인 법과 정책을 목표로 한다.

17번 목표는 파트너십이다. 세수징수역량, 개발도상국의 최소 ODA 달성, 저개발국 지원, 고채무빈국의 채무건전성, 최빈국에의 투자 촉진, 지식의 공유, 환경적으로 안전한 기술의 전파, 최빈국의 정보통신역량, 저개발국의 지속가능한 발전을 위한 국제적 지원, 공평한 다자무역체제, 개발도상국의 수출 증대, 최빈국의 무관세, 거시경제 안정성, 정책일관성, 각국의 정책적 리더십, 글로벌파트너십, 공공-민간 파트너십, 저개발국의 역량구축 지원, 저개발국의 통계역량 지원을 목표로 한다.

SDGs는 17개의 구체적인 목표로 이루어져 있으며, 각 목표는 보다 세부적이고 광범위한 구체적인 행동을 요구하는 세부 목표로 이루어져 있다. 국가차원에서 수행하며, 국제적인 협력, 정책적인 수단을 활용한 실천을 요구한다는 점이 보다 유연한 선택지를 허용하는 ESG와의 차이점이라고 할 수 있다.

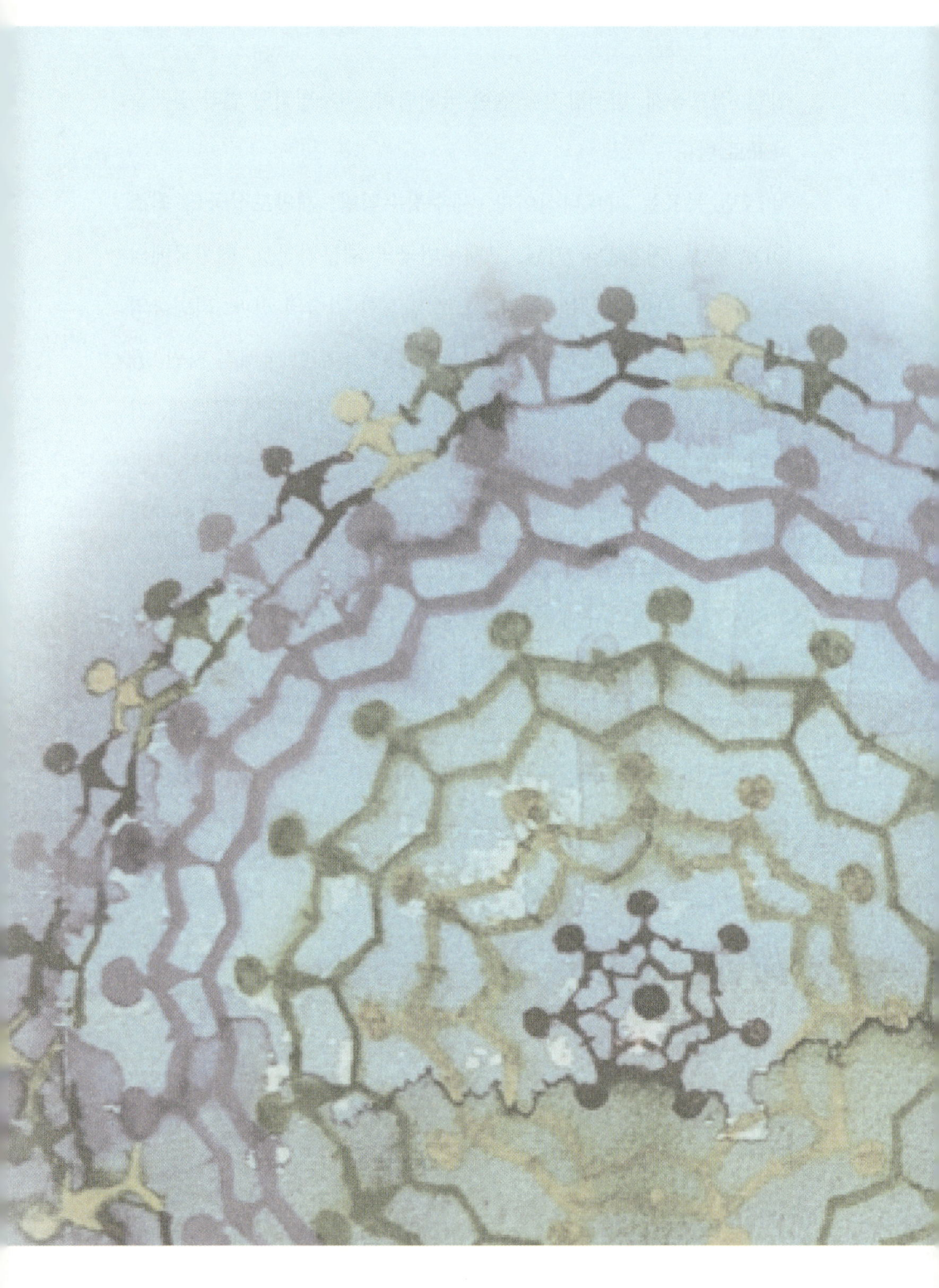

제7장

더 나은 현대사회를 위한 변화

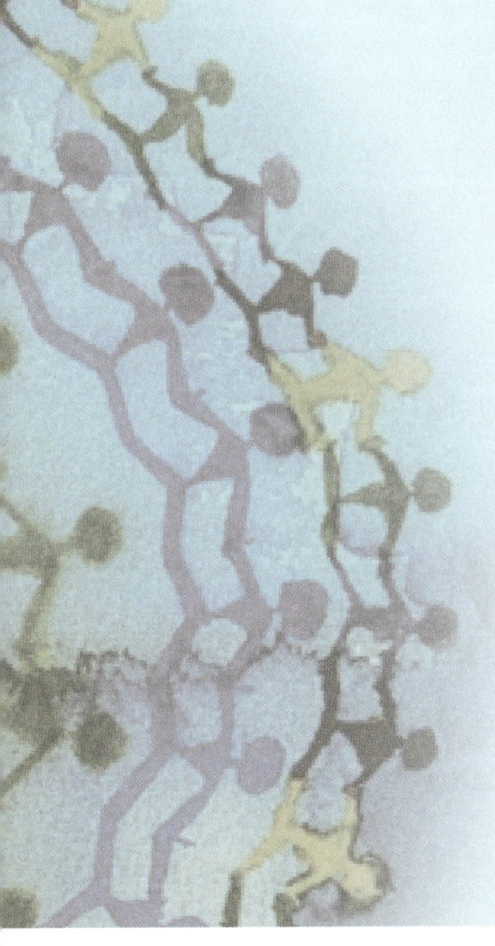

제7장. 더 나은 현대사회를 위한 변화

현대사회의 발전

현대 사회는 인류의 문화적, 물질적 발전을 위한 노력의 결과이다. 인류의 생산은 비약적인 수준으로 발전하였고 일상에서 누리는 풍요는 300여년 전과 비교하면 비교 불가능한 수준으로 발전하였다. 그러나 무한한 발전을 바라는 인류의 바램과는 달리 인류가 살아가는 지구는 유한한 세계이다. 자원은 한정되어 있고, 점점 줄어든다. 게다가 자원의 분배 또한 누구는 더 많이 소비하며 누군가는 거의 소비하지 못한다. 지구의 GDP는 무한히 증가할 수 없고, 어느 수준에서는 한계를 드러낼 것이다. 인간이 어쩌면 지구를 버리고 달이나 화성으로 이주할 수 있을지도 모르지만 그건 아주 어려운 도전이 될 것이다.

그렇다면 우리는 지구와 공존하고, 지구에 살아있는 다른 생명체들과 공생하며, 같은 인류의 구성원들의 몫을 존중하는 법을 배워야 한다. 지구에서 살아가는 방식은 기존의 방식으로는 지속가능하지 않다. 자원은 한정되어 있고, 배출되는 오염물질은 지구의 자정능력을 넘어서며, 온실가스는 지구의 온도를 점점 상승시키고 있다.

이를 해결하기 위해서는 자연자원의 소모 및 자연 훼손을 감소시킬 필요가 있다. 그 방법은 첫째 신규로 채굴되거나 소모되는 자원의 양을 감소시키는 것이다. 그리고 이미 채굴되어 가공된 자원을 재사용하고, 마지막으로 이미 만들어진 오염물질을 감소시켜야 한다.

이를 달성하기 위해서는 환경적인 노력뿐만 아니라 사회적인 노력도 뒤따라야 한다. 이미 생산된 자원이 분배될 때 편중된 분배로 인해 모두의 필요를 적절한 수준으로 만족시키지 않으면 필요를 충족하지 못한 사람들은 자원의 부족 때문에 고통 받거나 혹은 신규로 자원을 채굴하여야 한다. 식량 생산이 부족한 지역에서 식량을 생산할 비옥한 땅을 만들기 위해 화전농업을 하는 것이 한 사례이다. 식량이 부족한 집단에게 적절한 식량이 주어진다면 그들이 숲을 불태

워 밭을 만들 이유는 적어진다.

인류사회는 지금보다 더 높은 수준의 기회의 평등을 나눠주어야 한다. 포용력 있는 사회는 현재의 필요를 충족하기 위해 미래를 포기하게 하는 선택을 예방하고 더 나은 삶을 위해 노력할 기회가 모두에게 부여될 수 있도록 노력하는 사회이다. 현재 시점에서 생존을 위해서 미래를 희생하는 경우도 있다. 아동 노동이 그 사례인데, 빈곤 지역의 아동들은 그들의 미래를 신경 쓰기보다는 오늘의 굶주림을 해결하기 위해 노동시장에 내몰린다. 이들에게 적절한 수준의 돈과 교육의 기회가 주어졌다면 아이들은 공장 대신 학교에 있었을 것이다.

인류 문명이 발전하고 생산력은 과거와 비교도 안 되게 높아졌으며 절대 빈곤 상태에서 벗어난 인구가 상당함에도 불구하고 인류가 만들어낸 문명과 생산 능력의 혜택은 모두에게는 돌아가지 못하고 있다. 이를 해결하는 것은 인류를 위해 옳은 선택을 하는 의사결정 구조와 거버넌스의 성립이다. 의사결정이 다원적인 참여자에 의해, 합의에 의한 절차적인 정의를 충족하며 이루어지고, 부정한 행동에 대한 감시 체제가 작동하고 옳은 선택을 반복하는 거버넌스가 이루어져야 한다. 상식적인 이야기이지만 아직도 이루어지지 않고 있는 경우가 많으며, 이미 이루어진 경우에라도 지속적인 감시와 개선이 요구된다. 인간은 완전하지 않고, 시스템은 종종 망가지거나 시대에 맞지 않을 수 있으며 시스템을 이해하고 활용하기 위한 교육이 지속적으로 필요하기 때문이다. 시스템은 자연발생한 것이 아니라 인위적으로 만들어지는 것으로서 인류문명의 결과물이다. 특히 집단적인 의사결정을 위한 거버넌스 체계는 역사적으로 다양한 모델이 제시되었으며 지금도 변화와 발전을 거듭하고 있다.

옳은 의사결정을 위해서는 옳은 방식으로 작동하는 거버넌스 시스템을 갖추고, 교육을 통해 시스템을 이해하고 잘 활용할 수 있는 올바른 가치체계를 내면화한 인류가 필요하다.

ESG와 SDGs

이를 위한 전지구적인 노력으로 인류는 MDGs에 이어 2015년 SDGs를 선포하였다. 2030년까지라는 구체적인 시한을 가진 공식적인 목표인 SDGs는 저개발국뿐만 아니라 선진국들도 함께 참여하여 인류의 삶의 질을 끌어올리고, 인간다운 생활을 가능하게 하며, 극단적인 가난과 기아를 종식하고, 평등한 교육의 기회를 보장하고자 한다. 또한 생태계를 보호하고 농림어업을 지속가능하게 하며, 평화적이고 정의로운 제도를 구축하고 국가, 비영리단체, 민간 등 다양한 주체 간의 파트너십을 통해 지구를 더 나은 곳으로 만들기 위해 노력하고 있다.

이러한 목표가 인류의 합의를 통해 세워질 수 있었던 것은 전지구적인 보편적 가치에 대한 공감이 있었기 때문이다. 인간으로서 모두가 동등하며 행복을 추구할 권리가 있다는 단순한 진리는 교과서에서나 나오고 누구나 아는 이야기지만 실천하기에는 많은 노력을 요구한다. 이러한 노력은 많은 이들의 참여를 요구하며, 아주 사소한 변화도 이러한 참여에 포함될 수 있다. 제로웨이스트를 실천하는 것, 윤리적인 기업으로부터 구매하는 것, 비윤리적인 기업을 불매하는 것과 같이 일상에서 실천할 수 있는 것부터 나쁜 것은 나쁘다고 말하는 것, 평화를 위한 목소리를 내는 것, 가치있는 방식으로 사는 것을 선택하는 것까지 지구의 지속가능한 미래를 위한 노력이다. 이런 측면에서 SDGs와 ESG는 서로 같은 방향성을 공유한다.

ESG는 인류가 당면한 문제, 유한한 지구에서 무한한 발전을 추구하는 모순을 인식하고 해결하려는 행위이다. 문명과 경제발전의 혜택이 필요한 곳에 필요한 만큼 분배되지 못하고 편중적으로 사용되어 지역마다 과잉생산되거나 과소생산되어 효용이 낮아지는 문제를 해결하기 위해 제시된 것이기도 하다. 경제 분야 외에도 사회적이고 윤리적인 성과와 발전을 만들어내는 것이 필요한 분야와 범주를 구분한 기준이다. 20세기에는 시장경제의 원리에 윤리적인 기준을 혼합하여 합리적인 투자자 대신 윤리적인 투자자를 통해 사회문제를 해결하고자 하였고, 투자자들이 가진 영향력은 기업에게 확대되어 합리적인 기업가 대신 윤리적인 기업가의 등장을 요구하였으며, 나아가 시민의식을 가진, 합리적인 소비자 대신 윤리적인 소비자가 등장하여 문제를 해결하고자 하였다. 그러나 21세기도 20여년이 지난 지금, ESG는 기업이나 투자자만의 문제가 아니며, 현대사회를 지속가능하게 살아가고 지구를 보전하기 위해 필요한, 환경과 사회를 위하여 우리 자신의 변화를 요구하는 윤리이다.

ESG는 단순히 재무성과에 더불어 비재무적 성과를 만들어내자는, 단순한 투자 의사결정을 위한 기준 이상이다. 지구가 당면한 문제를 해결하기 위해서, 글로벌하게 모두가 긴밀하게 얽혀있는 지구에서 인류의 지속가능성을 위해 취할 행동의 가치를 드러내기 위한 판단 기준이다. ESG는 각각의 참여자의 행동의 방향을 안내하는 가이드라인으로서, 각자의 위치에서의 실천이 인류에 어떤 도움을 줄 수 있는지를 판단하는 데에 도움을 준다.

ESG는 결과를 생각하지 않고 개인이 옳은 일을 하자는 구호라기보다는, 특정한 성과를 위해 여러 이해관계자가 함께 협력하자는 구조인 노력을 요구한다. 그 시스템의 한 축에는 유엔과 같은 국제기구가 있어서 협력을 위한 가이드라인을 제공한다. 이는 유엔의 여러 기구, 이니셔티브, 국제회의와 같은 형태로 제공된다. 국제적이고 구조적인 협력에 있어서는 여러 주체들의 참여를 요구하며, ESG를 통한 노력을 구체화하기 위한 틀을 제공하였다.

환경 부문에서는 신규 자원 채굴/채집을 초래하는지, 자원의 재사용을 초래하는지, 오염물질을 배출하지 않는지, 오염물질을 감소시키는지, 탄소를 배출하는지, 탄소를 저감하는지 등 자연환경에 미치는 영향을 고려하여 판단할 수 있다.

사회적 부문에서는 생산과 소비의 과정에서 필요한 곳에 적절한 자원을 필요한 만큼 분배하였는지, 구매 행위가 자원의 재분배에 도움이 되는지, 생산된 자원의 효용을 최대화하는 소비가 이루어졌는지, 기회를 더 평등하게 분배하여주는지 등을 통해 판단할 수 있다.

거버넌스 부문에서는 의사결정의 참여자들이 다원적인지, 의사결정은 누구나 이해할 수 있는 합의된 절차를 통해 이루어졌는지, 시스템 참여자들에게 시스템 활용에 대한 충분한 정보제공이 이루어졌는지, 시스템의 부패나 고장을 방지하기 위한 감시체제가 있으며 작동하고 있는지, 시스템에 대한 개선/변경이 시대에 맞추어 지속적으로 이루어지고 있는지를 기준으로 판단할 수 있다.

ESG를 도구로 삼아 인류의 평화로운 지속을 위한 노력을 계속하는 것은 현재 아무런 발언권이 없는 미래 세대를 배려하고 그들이 그들의 몫을 누릴 수 있도록 하는 선한 행위이며, 모순 없이 지구의 자원을 활용하기 위한 도덕적 행위이기도 하다. 인류는 현재에만 존재하지 않고 기약할 수 없는 오랜 기간 동안 더 존속할 것이라고 예상된다. 개인이 살아가면서 앞으로 오지 않을지도 모를 내일의 삶을 위해 오늘을 방탕하게 보내지 않고, 보다 나은 삶을 위해 노력하는 것은 건전한 태도이며 자신의 능력을 발전시켜 사회 전체에 이익이 돌아가게 만드는 선한 행위이다. 교육이 발생시키는 외부경제 효과를 생각하여 보면 그렇다.

오늘의 인류의 선한 선택은 그 자체로 옳은 행동일 뿐만 아니라 미래 세대에도 그 혜택을 나누어주는 윤리적인 행동이다. 아울러, 인류 사회의 존속을 지속하고 경제적인 풍요가 적절한 수준에서 지속적으로 이어질 수 있게 하는 합리적인 선택이기도 하다.

변화를 위한 선택

이러한 선택을 지속하는 일은 오직 개인의 선의에 의하거나 제도적인 강제만으로 이루어지지는 않는다. 선택을 이어나가기 위해서는 그를 위한 일련의 지원이 필요하다. ESG라는 선한 의도의 패러다임이 2004년에 등장했음에도 불구하고 2015년에 제시된 SDGs에 비해 덜 주목을 받았던 것은 SDGs가 더 구체적인 기준을 제시하고 그와 관련된 세부 지표와 행동들을 적극적으로 소개하는 등 활용하기 좋은 형태로 제시되었기 때문이다. ESG는 SDGs에 비해 유연하고 확장성 있는 개념이며, 거버넌스의 변화를 요구하는, 윤리적으로 높은 수준의 선택을 포함하는 개념이라는 점에서 뛰어나나, 어떤 구체적인 형태를 갖추기에는 또다른 노력이 요구된다.

요즘은 ESG와 SDGs를 병용하는 움직임들이 많아 관찰된다. 금융계에서는 ESG라는 용어가 보다 익숙하게 쓰이나 기업의 지속가능성 보고서 등을 살펴보면 ESG, SDGs, Sustainability와 같은 개념들이 혼용되는 양상이 많다. 용어의 차이에도 불구하고 이들이 가리키는 방향은 일정하다. 지구에 미래가 있도록 노력하겠다는 것이다. 기업뿐만 아니라 행정당국도 지속가능성에 대해 인지하고 제도적으로 또 사회적으로 변화를 만들어내기 위한 노력을 이어나가고 있다.

우리나라에서도 SDGs를 적극적으로 받아들이고 지속가능발전 기본계획을 수립하는 등 국제적인 흐름에 동참하고 선진국으로서 발돋움하기 위해 노력하고 있다. 지속가능발전은 단순히 경제적 성장뿐만 아니라 환경에 대한 존중과 사회적인 질서를 포용하여 더 나은 미래를 준비하자는 개념이며, 경제적인 성장을 이미 이뤄내었고 이제

사회, 문화 등 여러 부문에서 선진국다운 면모를 갖춰가는 우리에게 꼭 필요한 개념이다. 미국과 유럽의 여러 국가를 비롯하여 선진국이라고 불리는 국가들은 단순히 경제규모만 가지고 그러한 평가를 받는 것이 아니다. 사회, 문화, 경제, 역사를 비롯한 여러 면모가 고루 일정 수준 이상을 갖추었을 때 선진국이라는 평판을 갖게 된다.

우리 사회는 코로나19를 겪으며 사회의 전반에 많은 변화들이 진행되고 있다. 코로나는 전세계적인 재난이었을 뿐만 아니라 사회의 많은 부분들이 작동하는 방식을 바꾸어놓았다. 재택근무는 아주 먼 미래의 일로 여겨졌지만 이제는 일상화되었다. 일부 국가들에서는 재택근무에 익숙해진 사람들이 일터로 복귀하는 대신 계속해서 집에서 일하기를 원하면서, 일자리와 구직자가 미스매칭되는 구인난이 벌어지기도 했다. 이 때 고용주가 할 수 있는 선택은 둘 중 하나이다. 기존대로 사업장으로 출근하는 업무형태를 유지하고 그를 수용하는 사람들을 고용하거나, 혹은 재택근무를 수용하고 재택근무를 원하는 사람들을 수용하는 방법이 있다. 고용주는 현재의 상태, 미래에 예상되는 변화, 기대와 부작용에 대한 예측을 종합적으로 판단하여 선택을 만들어낼 것이다. 그가 선택을 잘 한다면 그는 우수한 인력을 좋은 시스템과 함께 활용하여 사업의 성장을 기대할 수 있을 것이고 그렇지 않다면 사업의 성장을 기대하기 힘들 것이다.

우리 사회도 마찬가지이다. 변화의 시기에 적절한 선택을 하고 변화가 긍정적인 방향으로 이끌어지도록 주도하는 것은 사회의 도약을 기할 수 있는 방법이다. 이때 선택을 위해 고려하여야 하는 요소 중 하나는 미래에 대한 예측 혹은 기대이다. 미래 사회가 어떤 방향으로 변화할지 아는 것은 중요하다. 그러나 또 하나 더 고려할 것은 어떤 사회를 만들지에 대한 선택이다. 기업을 비롯하여 인간이 만들어낸 사회조직은 외부에 영향을 받고 그에 대응하여 변화를 만들어내기도 하지만 그 자신의 선택으로서 미래를 만들어 나가기도 한다. 어떤 미래를 그릴 것인지는 현재 사회가 어떠하며 또 미래사회는 어떠해야 하는지에 대한 가치관을 반영한다.

그래서 우리는 되도록 자유롭고 평화로우며, 모든 사람이 그 자신의 행복을 찾을 수 있는 사회를 꿈꾸고 그를 만들기 위한 선택을 하여야 한다. 이러한 선택의 연속은 결국 그 미래를 만들어낼 것이기 때문이다. UN이 제시한 SDGs나 ESG 우리나라 정부의 지속가능발전 기본계획, 기업계에서 ESG를 적극 도입하고 있는 추세들은 더 나은 선택을 만들어내기 위해 제공되는 가이드라인이다. 선택을 위한 가이드라인들은 예전부터 다양한 형태로 존재해왔다. 종교를 비롯하여 철학에서 제시하는 이론들 또한 어떻게 더 나은 미래를 위한 선택을 할 것인지, 그것을 위해서는 무엇을 어떻게 하여야 하는지에 대한 이야기들이다. 나 자신을 알고, 이상사회를 꿈꾸고, 자유나 평등과 같은 개념들에 대한 질문이 반복적으로 제기되는 것은 그 때문이다. 사람은 누구나 오늘보다 내일이 더 나아지기를 꿈꾸기 때문이다.

더 나은 내일은 나 혼자만 더 나아지기보다는 모두가 함께 더 나아진 내일인 것이 더 의미있는 발전이다. '모두'는 내 가족, 사회, 국가, 지구로 확장될 수 있으며 더 많은 사람들이 포함될수록 의미있는 변화가 된다. UN에서는 그런 변화를 기대하며 SDGs를 선언하였고 단순히 저개발국에 대한 지엽적인 지원뿐만 아니라 전 세계의 공동의 변화를 이끌어내고자 하였다. 이제는 미래를 준비하는 지속가능한 개발목표에 대해 보다 적극적으로 받아들여야 한다. 이러한 움직임은 우리나라에 도약의 기회를 안겨주고, 사람들이 더 나은 미래를 꿈꾸게 하며, 사회 전반에 긍정적인 변화를 가져 올 것이다.

특별 대담

ESG 반대론자와의 뜨거운 논쟁

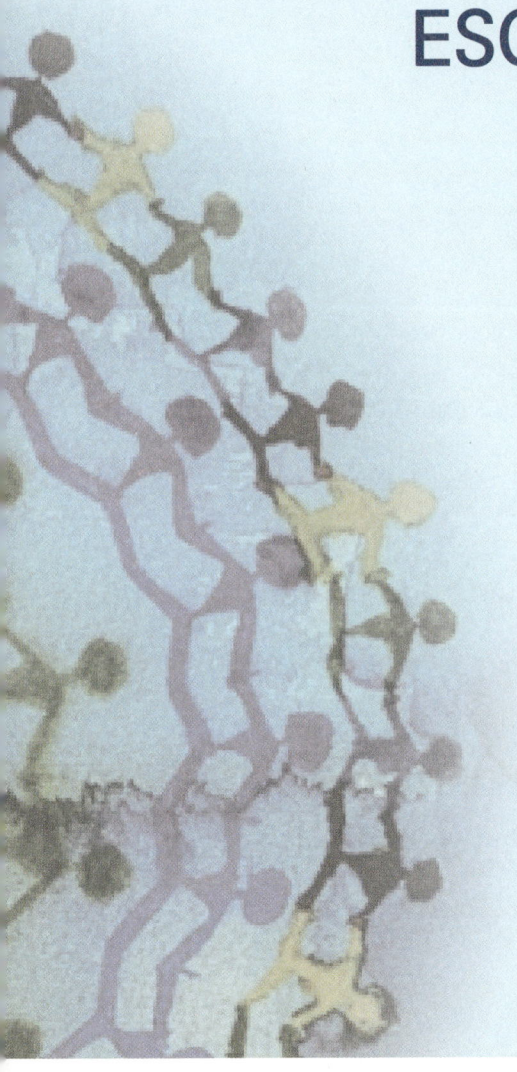

특별대담 ESG 반대론자와의 뜨거운 논쟁

반대론자 : 저는 ESG를 좋아하지 않습니다. 왜냐하면 ESG가 좌파이론이라고 생각되기 때문입니다. 특히 환경 이슈가 그렇습니다.

ESG가 좌파 이론이라고 생각되는 가장 큰 이유는 E 때문입니다. 환경 이슈는 사실 과학적으로 증명된 바가 없습니다. 아직은 이론적 단계에 머물러 있을 뿐입니다. 예를 들어 오존층 파괴가 문제라고 주장하면서 프레온 가스를 대체하고, 소들이 발생시키는 가스가 문제이기 때문에 채식을 하자는 식의 극단적인 주장들은, 그들이 예상했던 것만큼 오존층이 심각하게 파괴되지 않아서 최초 주장 당시에 예측했던 환경에 대한 악영향이 정말 존재했었는지에 대해 의문을 갖게 하고 있습니다. 이 점에 대해서 환경론자들은 자신들의 주장 덕분에 오존층 파괴가 늦어졌다고 주장하지만, 이 주장들은 과학적으로 검증 가능한 주장이 아닙니다. 예언자라고 주장하는 자들이 자신의 예언이 틀렸을 때 자신이 예언을 한 덕분에 사람들이 예언을 실현시키지 않도록 노력해서 예언을 통해 예측됐던 비극적 결과를 막았다고 주장하는 것과 동일한 비과학적 주장입니다.

다음으로 대표적인 것이 지구온난화에 대한 주장인데, 엘 니뇨, 라니냐 등 지구온난화의 온갖 해악에 대해 주장하는 환경론자들은 정작 현재의 지구 상황이 과연 간빙기인 것인지, 빙하기와 현세에 상승한 지구의 평균 온도가 얼마나 올라갔는지에는 관심이 없고, 빙하기 이후 지구의 평균 온도가 상승하면서 인류와 지상생물체들이 번성했다는 사실을 부정하며, 다시 지구의 평균 온도를 낮추는 것이 과연 긍정적인 결과를 가져올 것인지에 대해서도 과학적인 답변을 하지 못하고 있습니다.

환경론자들은 인류가 가능한 한 환경에 대해 영향을 주지 않고 현 상태대로의 환경을 유지하자고 주장하고, 그것이 ESG에서의 E 이념인데, 이는 인류의 존재 자체를 부정하는 개념입니다. 인류 뿐만이 아니라 지구상의 모든 생명체는 환경과 능동적, 수동적 영향을 주고받으면서 살아왔습니다. 환경에 영향을 주고받지 못하는 생명체는 존재하지 않습니다. 따라서 인류에게 환경에 대한 영향을 주지 않거나 그 영향을 최소화하라고 요구하는 것은 인류의 생존 자체를 부정하는 주장과 마찬가지입니다.

E를 전제로 인류가 환경을 어떻게 활용하고 보전할 것인가는 인류에 대한 이익의 관점에서 접근해야 하는 것이 원칙인데, 환경론자들은 환경에 대한 이익의 관점에서 접근하는 스탠스를 취하고 있고 이것이야말로 환경론자들이 기업을 상대로 경제적 이득을 착취하기 위해 유지하는 태도입니다. 환경은 현재 상태로 유지하는 것이 아니라 인류를 위해 활용하고 보전해야 할 대상이라는 개념을 받아들여야 올바른 E가 가능하지, 그렇지 않고는 그냥 좌파 시민단체가 기업을 옥죄고 이득을 착취하는 도구가 될 뿐입니다.

지은이 : 환경문제는 실존에 관한 문제이자 인류가 살아남기 위한 필수적인 활동입니다.

ESG에서 환경 문제는 절대선으로서의 자연을 숭앙하고 원시 자연을 보전하자는 것은 주류의 주장이라고 볼 수 없습니다. 파리 협정을 비롯하여 지구온난화를 막아야 한다고 주장하는 유엔에서도 기후변화와 관련된 의제들이 충족되기 어려우며, 특히 경제발전과는 모순되는 어젠다라는 것을 알고 있습니다. 환경 의제에 대해서는 넓은 스펙트럼의 주장이 존재합니다. 60년대의 히피들처럼 완전히 자연으로 돌아갈 것을 주장할 수도 있지만, 가능한 범위 내에서 조금씩 단위생산량 당 자원소모량을 줄여나가자고 주장할 수도 있습니다.

그러나 1952년의 런던 스모그를 비롯하여, 경제발전의 부작용으로서 존재하는 환경 문제가 존재하는 것은 주지의 사실입니다. 인류의 풍요는 자연환경에 영향을 미치고 있으며, 때로는 그것은 남극의 빙하면적을 줄이는 것 만큼 파괴적이기도 합니다. 기후변화와 같은 문제들은 비록 그것이 오직 인간의 영향 때문인지, 간빙기이기 때문인지 과학적으로 증명이 되지 않았다고 하더라도, 지금 일어나고 있는 일이며 누군가의 삶은 고통받고 있습니다.

1929년의 경제 대공황 당시, 시장을 지지하는 많은 경제학자들은 시장이 스스로 균형을 찾을 것이며 경제의 순환 주기에 따라가도록 내버려두면 문제가 해결될 것이라고 믿었습니다. 그러나 경제의 자연스러운 순환주기가 얼마나 길지 혹은 짧을지 알 수 없으며, 불황으로 인한 고통이 가중되고 있는 것은 사실이었습니다. 이 때 출범한 루즈벨트 정부는 적극적인 시장개입을 통해 불황을 완화하고 사람들의 삶에 고통을 덜어주고자 했습니다. 대규모의 재정 투입, 공공에 주도하는 일자리 창출을 통해 당시의 실업난을 해소하고, 경제가 다시 활기를 찾도록 노력하였습니다. 경제는 그 나름대로의 고유한 법칙에 따라 운행되지만, 자연계의 법칙과는 달라 언제든지 예외는 발생할 수 있으며, 자연의 법칙에 순응하는 것만이 항상 옳은 것은 아닙니다.

환경문제 또한 마찬가지입니다. 지금의 지구온난화가 지구의 자연스러운 계절변화에 따른 것인지, 인간이 만들어낸 것인지는 알 수 없지만, 그로 인해 누군가가 고통받고 있다면 최소한 그 고통을 완화하려는 노력은 필요합니다. 인간의 문명은 적자생존 원리뿐만 아니라 인간적인 가치들에 영향을 받기 때문입니다. 마거릿 미드라는 문화인류학자는 고대 문명의 시작은 부러졌다 붙은 다리뼈(the first sign of civilization in an ancient culture was a femur (thighbone) that had been broken and then healed)라고 했습니다. 인간을 인간답게 만드는 것은 선의와 호혜와 같은 관계라는 것입니다.

어떤 환경문제는 실존하는 것이기도 합니다. 이러한 문제의 발생을 최소화하며, 그 영향력을 줄이자는 것은 인류의 존재를 부정하는 것이라기 보다는 인류가 살아남기 위한 필수적인 활동입니다. 인류는 극단적으로 오염된 환경에서 생존할 수 없으며 생존에 필요한 수준으로 자연환경을 보전하여야 합니다.

반대론자 : 사회적 이슈의 경우는 더더욱 이념 지향적입니다. 시민을 대표하지 않는 시민단체를 위해 불필요한 비용을 지출해선 안됩니다.

S의 경우는 보다 더 명확한 이념성을 보유하고 있습니다. 기업은 기본적으로 사회로부터 유리될 수 없기 때문에 시민사회와 상호 영향을 주고받으면서 성장하고 있습니다. 그런데 S가 강조되면 시민사회가 아닌, 특정 이념을 전제로 한 시민단체의 영향력이 강화됩니다. 문제는 시민단체가 시민을 대표하지 않는다는 점입니다. 그럼에도 불구하고 우리나라 국민들은 시민단체가 시민을 대표한다는 잘못된 인식을 당연하게 받아들이고 있기 때문에 기업은 올바른 길로 나아가지 못하게 만드는 시민단체의 불법적인 영향력을 회피하기 위해 불필요한 비용을 지출함으로써 경쟁력을 상실하고 있습니다.

기업과 시민이 긍정적인 영향을 교류할 수 있다면 그보다 나을 수 없는 일이지만, 대한민국의 현실에서는 시민을 대표할 수 있는 정상적인 통로는 없고, 기업이 어쩔 수 없이 시민단체를 상대함으로써 발생하는 비효율이 극도로 심화된 상태입니다. 시민단체를 배제하고 기업이 시민과 교류할 수 있는 방안은 충분히 존재하는데, 시민단체가 개입하는 순간 소통이 왜곡됨으로써 비효율과 비경제가 탄생하는 것이 근본적인 문제점입니다.

지은이 : 우리에게 필요한 것은 기업과 사회가 효과적으로 소통할 수 있는 수단을 찾아내는 일입니다.

우리나라 민주화의 주역이었던 운동권은 민주화가 이루어진 이후 '시민','환경'과 같은 의제를 선점하였습니다. 그들의 상당수는 시민운동가로 변신하였고 우리나라 시민운동의 기초를 제공하기도 했습니다. 그러나 어떤 사람들은 지나치게 급진적이었습니다.

'시민'이라는 주체는 서구에서 중세봉건사회의 붕괴와 함께, 사람들이 도시로 모여 자유롭게 돈을 벌며 나타난 신흥부르주아 계급을 그 시작으로 볼 수 있습니다. 이들은 프랑스 혁명을 비롯한 근대 이념 투쟁의 주역들이었습니다. 근대적인 의미의 시민은 특권적인 귀족 중심의 사회 제도에 의한 반발에서 등장한 집단으로, 자유와 평등 뿐만 아니라 그들의 재산권을 위해 싸웠습니다. 그에 비해, 한국의 근대화는 외세에 의해 이식된 제도이며, 어느날 갑자기 백성들은 신민이 되고 국민이 되었으며, 이어 시민이라는 이름 또한 비교적 최근에 이식되었습니다. 이러한 맥락에서 '시민' 담론을 주도한 이들은 그들의 시각에서 이 단어를 해석하였으며, '환경' 또한 마찬가지일 것입니다. 담론은 온건한 것에서 급진적인 것까지 넓은 스펙트럼을 가집니다.

기업이 사회적인 책임을 가지는 것은, 현대사회를 지탱하는 하부구조가 기업이기 때문입니다. 현대문명의 풍요는 생산량의 폭발적인 증대에서 비롯되었습니다. 산업혁명 이후 기업들은 때로 정부보다도 큰 영향력을 가지며 규모가 커질수록, 다국적기업일수록 그렇습니다. 기업의 존재목적은 이윤창출입니다. 그러나 기업은 생산과 소비와 폐기로 이어지는 거대한 사이클 속에서 사회의 모든 부분과 연계되어 있습니다. 공급이 수요보다 모자라는 시대에는 공급이 수요를 만들어낸다는 법칙이 통용되었지만, 공급이 과잉이 된 시대에서는 구매력이 모자라는 걸 걱정해야 하는 상황입니다. 기업이 아무리 효율적으로 생산을 해낸들 그걸 받아줄 시장이 없으면 기업은 성립하지 않기 때문입니다. 기업은 경제적인 기구이지만 사회 조직의 일부분이기도 합니다.

시민단체의 개입 등 소통의 왜곡으로 인해 발생되는 문제점들은 있습니다. 어떤 의견은 과소대표되며 또 어떤 의견은 과대 대표됩니다. 의견이 조작되거나 오해를 받기도 합니다. 그러나 이것은 수단의 문제이지 기업과 사회가 유리되어야 한다는 것은 아닙니다. 기업가 정신은 기업 활동을 통해 사회에 이익이 되게 하겠다는 이념을 포함합니다. 프로테스탄트의 직업윤리는, 현재의 직업은 신이 나에게 맡기신 소명이므로, 현생에서 최선을 다해 일하면 천국에 갈 수 있다는 주장에서 비롯되었습니다. 열심히 일해 정직하게 돈을 버는 것은 선한 일이며, 그 자체로 사회에 필요한 것을 제공하는 일이기도 한 것입니다.

냉소적으로는 기업가들이 대외적인 평판 관리를 위해 꾸며낸 말이라고 들을 수도 있습니다. 그러나 그들은 자본주의 사회를 지탱하는 한 축이기에 그들이 직업윤리를 가지고 사회에 대해 책임있게 일하는 것은 좋은 일입니다. 또한 행동하는 위선은 행동하지 않는 선보다 훌륭합니다. 그들이 실제로 무언가 사회에 기여한다면 스크루지 영감보다 훌륭한 일입니다.

우리에게 필요한 것은 기업과 사회가 효과적으로 소통할 수 있는 수단을 찾아내는 일입니다. 그렇기 때문에 기업이 ESG에 관심을 쏟고 그들이 사회를 위해 무엇을 기여하였는지를 공개하게 하는 것은 기업이 적절한 수단을 찾아내게 할 좋은 방법입니다. 온라인 매체의 발달은 정보의 확산에 유리한 부분입니다. 이는 정보가 유통되는 절차를 간소화하며, 제도 밖의 소통 통로를 만들어내며, 소비자의 직접적인 목소리가 기업에게 전달되도록 합니다. 온라인 매체의 활용의 부작용들이 지적되고 있기는 하지만, 온라인 공간은 정보의 탈중앙화에 기여하고 있습니다.

반대론자 : 기업의 거버넌스가 제대로 이행되지 못하는 것은 노조 때문입니다.

G는 E, S에 비하여 하위 개념으로 보아야 한다고 생각합니다. 왜냐하면, E, S는 대외적인 문제인데, G는 대내적으로 해결 가능한 개념이기 때문입니다. G는 기업 내부에서 충분히 해결 가능한 명제임에도, 이게 올바른 해결점을 찾지 못하는 이유는 노조의 존재 때문입

니다. 노조의 기본 존재의의는 근로자의 근로조건 향상에 있음에도, 대한민국의 거대 노조들은 근로자의 근로조건 향상에는 관심이 없고 좌파 정치적 이념을 달성하기 위한 도구로서만 존재합니다. 따라서 기업이 G를 제대로 이행하지 못하고 노조를 상대하는 데 낭비하기 때문에 올바른 거버넌스가 성립하기 어려운 상황입니다.

지은이 : 기업 운영에 있어 일부 이익집단화된 노조의 목소리가 과잉대표되는 상황은 일종의 부작용일 것입니다. 이러한 상황에서 거버넌스가 부작용이 있다면 그를 해소할 방법을 고민하는 것이 건설적일 것입니다. 사회는 사회를 구성하는 사람들이 변화시킵니다.

거버넌스는 환경 이슈와 사회 이슈가 대외적인 성과를 만들어낼 수 있는 것과는 달리, 조직 내외부의 보이지 않은 의사소통 과정을 정의합니다. 이는 가시적인 성과로 표현하기 어려우며, 주로 이사회의 구성이나 출석률, 기업의 준법이나 반부패 수준을 지표로 하고 있는 경우가 많습니다. 그러나 거버넌스는 특정한 제도나 정량적인 지표들 뿐만 아니라 문화나 관습과 같은 정성적인 측면에 대한 고려가 반드시 필요합니다. 한국의 의사소통 문화와 미국의 의사소통 문화는 완전히 다릅니다. 예를 들어, 한국에서 경조사는 사회생활에서 필수적인 부분이지만, 미국에서 경조사는 사적인 영역입니다.

거버넌스에 참여하는 주체는 조직 내, 그리고 조직 외의 이해관계자로 나눌 수 있습니다. 조직 외부의 이해관계자는 있기도, 없기도 합니다. 거버넌스는 조직이 의사결정을 하는데 필요한 모든 정보가 취합되고, 논의되고, 의사결정되어 실천되는 일련의 과정입니다. 조직의 성격에 따라 그 양상은 다양해질 수 있으며, 조직 내외의 권력의 배분에 따라서도 달라질 수 있습니다. 특정 집단의 목소리가 과잉 대표되는 상황은 권력의 균형이 맞지 않는 상황으로 볼 수 있습니다. 기업 운영에 있어 일부 이익집단화된 노조의 목소리가 과잉대표되는 상황은 일종의 부작용일 것입니다. 이러한 상황에서 거버넌스가 부작용이 있다면 그를 해소할 방법을 고민하는 것이 건설적일 것입니다. 사회는 사회를 구성하는 사람들이 변화시킵니다. 많은 문제들은 단번에 해결되지 않으며 어떤 문제들은 더 많은 시간을 소요합니다.

윤리는 옳고 그름에 대한 가이드라인을 제공합니다. 무엇이 처벌받을 행동이고 아니냐는 법에 의하지만 윤리는 사회가 옳다고 생각하는 지향점을 제공하는 역할을 합니다. 시대에 따라 유동적이며, 사회상을 반영하는 것이 윤리이기도 합니다. 평균수명이 짧던 시절에 환갑잔치는 정말로 축하할 일이었습니다. 여성이 직업과 재산을 갖기 어려운 시대에는 삼종지도가 미덕이었습니다. 히틀러 시대에는 유태인은 악이었습니다. 21세기 한국에는 현재를 반영한 윤리가 있어야 합니다.

반대론자 : 대한민국에서 ESG가 올바르게 정착하려면 이념세력과의 연계성을 확실히 정리하고 기업이 순수하게 경제논리에서 접근할 수 있는 방안을 보장해줘야 할 것입니다.

결론을 간단히 요약하자면, E는 전통적 좌파 운동권 세력이 공부는 하기 싫고 교조주의적 이념만 외워서 아는척 할 때 가장 편하게 활용할 수 있는 도구인 이념인데, 그걸 기업에 강제로 적용하면 현 문재인 정권의 친환경 정책, 특히 태양광 발전으로 인한 자연환경의 황폐화 같은 어처구니 없는 결과가 나오게 됩니다. S는 진정하게 시민사회를 대변하지 못하면서 비정치적 단체라고 주장하는 정치적 집단인 NGO들이 자생력 없이 국가 예산에 기생하는 존재에서 더 나아가 기업까지도 착취하는 세력이 되면서도 그 존재의 정당성을 뒷받침하려 드는 이념적 바탕입니다. 이명박 대통령과 박원순 서울시장 이후 온갖 NGO들이 국가 및 서울시 예산을 지원받아 존재하고 있는데 S가 심화되면 사기업체들의 자본조차 NGO들에게 착취되지 않을 수 없게 됩니다. 마지막으로 G는 삼성에서 보듯이 노조의 부존재가 비윤리적이라는 오명을 쓰게 되고, 그 결과 거대노조가 자신들의 정치적 주장 실현을 기업 자본을 빌어서 하게 하는 결과를 만들어 냅니다.

대한민국에서 ESG가 올바르게 정착하려면 좌파 이념세력과 연계성을 확실히 정리하고 기업이 순수하게 경제논리에서 접근할 수 있는 방안을 보장해줘야 할 것입니다.

지은이 : ESG에 대한 다양한 논의를 환영합니다.

ESG에서 이야기하는 환경, 사회, 거버넌스와 같은 의제들은 누군가가 독점할 수 있는 의제가 아닙니다. 이는 인류의 지속가능성 풍요를 이룩하기 위한 제반 여건이며, 모든 인류는 평등하다는 선언 하에 인류의 풍요가 공시적으로 또 통시적으로 적절히 배분되어야 한다는 개념입니다. 자유주의는 구제도(ancien régime)로부터의 자유를 찾자는 것이었고, 시장경제에 기반한 자본주의는 인간의 이기심과 경쟁원리를 통해 발전을 만들어내자는 원리였습니다. ESG가 최초에는 투자 분야에서 탄생하였고, 기업으로 확산되었으나, 이는 기업의 경쟁 원리를 인정하되 기업의 사회적인 측면 또한 중요하다는 주장이었습니다. 투자분야에서 ESG 지표를 고려하자는 것은 기업의 재무재표 등 재무성과 뿐만 아니라 비재무성과를 동시에 고려하자는 주장이지, 기업이 비영리단체나 자선재단이 되어야 한다는 것은 아닙니다.

ESG에 대한 경제논리적 접근의 기초는 인간이 이기적이고 이성적인 동물만은 아니라는 것입니다. 인간의 선택은 상당수 감정적입니다. 오직 논리적이기만 했다면 베르테르도 없었을 것이고 베르테르 효과도 없었을 것입니다. 인간은 선의를 갖고 있습니다. 인간의 선의는 변덕스럽지만 존재하며, 함양될 수 있습니다. 고전경제학에서는 이성적이고 이기적인 인간을 가정하지만 그렇지 않다는 많은 증거들이 있습니다. 가장 고전적인 사례는 17세기 네덜란드의 튤립 시장이며, 최근에는 비트코인이 있습니다. 기업들은 소비자들의 필요가 아니라 욕구를 만들어내기 위해 마케팅을 합니다. 선의와 선의의 표현이 매력적인 것이라면, 칭찬받는 것이라면, 이익이 되는 것이라면 선의는 환산 가능한 가치가 될 것입니다.

제로웨이스트, 플라스틱 프리는 힙한 것이 되었습니다. 그것이 주류는 아니며, 결국 물건을 팔기 위한 상술이라는 비판도 있습니다. 그러나 재활용이 칭찬받고 과시할 일이 된 것이 역사상 얼마나 있었는지를 돌이켜보면, 한국에서는 경제적으로 일정 수준 이상 성장한 이후에는, 아나바다 운동 이후 처음일 것입니다. ESG가 힙한 것으로, 당연한 것으로 받아들여질 시대가 올 것입니다.

나아가서 환경, 사회, 거버넌스는 기업만을 주체로서 고려하기에는 넓고 다층적인 의제입니다. 인간은 지구에 살고, 집단생활을 하며, 사회조직을 만들어내기 때문입니다. 현재 한국에서 환경, 사회, 거버넌스와 같은 의제들이 한 쪽으로 치우쳐 있다면, 이를 균형있게 하는 방법은 다양한 논의들이 이루어질 수 있도록 하는 것입니다. 오해를 바로잡고, 논의를 풍성하게 하고, 이론적인 발전을 이루어 ESG를 22세기에 필요한 의제를 지시하는 큰 그릇으로 만들 수 있습니다.

나머지 논쟁은 앞으로 출간 될 〈ESG + 행정〉에서 계속 심도 있게 펼쳐 나가도록 하겠습니다. ESG 관련 어느 책에서도 볼 수 없었던 질문과 반박, 언제든 환영합니다. 많은 의견 보내주시기 바랍니다.

감사의 글

책이 출간되기까지 큰 도움을 주신
미디어 한강 한영희 대표님께 감사드립니다.

항상 힘이 되어주신, 사랑하는 민정숙 여사님,
임무영 변호사님, 문을순 여사님, 이영탁 회장님,
윤상연 대표님, 이상엽군에게 감사를 표합니다.
응원해주신 연구실 일원들에게도 감사합니다.

끝으로 바쁘신 중에도 추천사를 써주신
최상목 총장님께 감사드립니다.

참고 문헌

● **한글문헌**

1. 강원, 정무권, ESG 활동의 효과와 기업의 재무적 특성, 한국증권학회지 제49권 5호 (2020) p.681-707
2. 김용현, 기업의 ESG와 재무성과, 재무관리연구, Vol.30, No.1, March 2013
3. 김진욱, 부경온, 최준태, 변영화, 한반도 100년의 기후변화, 국립기상과학원, 제주, 2018.8.
4. 김한얼, 기업의 ESG 성과가 재무성과 및 기업 가치에 미치는

영향에 대한 인과성 연구, 한국외국어대학교 대학원 석사학위 논문, 2017

5. 박정규 외, 미세플라스틱의 건강 피해 저감 연구, 한국환경정책평가연구원, 2019. 12. 31.

6. 손세관, 「도시주거 형성의 역사」, 열화당, 파주시, 2016,

7. 손지연, ESG 등급이 기업의 장, 단기 경영성과에 미치는 영향, 세명대학교대학원석사논문, 2017

8. 신두섭, 이희재, 지방자치단체의 기업투자 유치와 지방재정의 상관관계에 관한 연구, 한국지방행정연구원, 2014. 12,

9. 양춘승 외 3인, 지속가능금융 활성화를 위한 기업 ESG 정보공개 제도의 국내외 현황, 주요사례 및 시사점, 국회예산정책처, 2017. 12

10. 오덕교, 국내외 녹색채권 동향, ESG 현안분석, 한국기업거버넌스원, 2020. 5. 28.

11. 유엔지속가능발전목표, 환경부, 세종시, 2018

12. 이나겸, 임수영, 산업분야에서의 ESG 활용을 위한 기초적 연구 - 미국 시가총액 상위 5개 기업을 중심으로, 한국생태환경건축학회 Vol.21 No.3, 2021. 6

13. 이나겸, 임수영, ESG 행정을 위한 야간경관 수요에 대한 조사 연구 - MZ세대 여성을 중심으로, 한국생태환경건축학회 Vol.21 No.4, 2021. 8

14. 채건석, 환경·사회·거버넌스 평가결과인 ESG 등급이 기관투자자의 거래행태에 미치는 영향, 가톨릭대학교대학원 박사논문, 2020

15. 홍종학, 미국과 영국의 기업집단 개혁과 시사점, 한국경제연구 제21권, 2008. 6.

16. 2021년 생태학회 추계학술대회 강연집(2021. 11. 12.)

● **외국어문헌**

17. Agricultural Bank of China Corporate Social Responsibility Report 2020

18. Akelius sustainability report 2020

19. Alex Edmans, grow the pie, Cambridge,UK; cambridge university press, 2020

20. alphabet annual report 2020

21. Apple ESG report 2020

22. Benoit Leleux, Jan van der kaaij, winning sustainability strategies: Finding Purpose, Driving Innovation and Executing Change. Palgrave Macmillan; 1st ed. 2019 edition (November 15, 2018)

23. Berkshire Hathaway Sustainability Leadership Council
24. Brendan Bradly, ESG Investing for Dummies, NewJerjey, John Wiley & Sons, Inc., 2021
25. CEZ Group 2020 Sustainability Report
26. China Construction Bank Corporation Annual Report 2020
27. China Merchants Bank Sustainability Report 2020
28. Directive 2003/51/Ec Of The European Parliament And Of The Council, Official Journal of the European Union, 2003.7. 17.
29. E. Merrick Dodd, Jr., For Whom Are Corporate Managers Trustees?, Harvard Law Review, Vol. 45, No. 7 (May, 1932), pp. 1145-1163
30. FB Sustainability Report 2020
31. Gedeon Richter Sustainability Report 2018-2019
32. Garrett Hardin, The Tragedy of the Commons, American Association for the Advancement of Science, Science, New Series, Vol. 162, No. 3859 (Dec. 13, 1968), pp. 1243-1248
33. Global Sustainable Investment Alliance, Global Sustainable Investment Review 2020, 2021

34. google supplier responsibility report
35. google-2020-environmental-report
36. google-2020-supplier-responsibility-report
37. Industrial and Commercial Bank of China Limited CORPORATE SOCIAL RESPONSIBILITY REPORT 2020
38. International Trade Centre, CLIMATE CHANGE AND THE COFFEE INDUSTRY, 2010.2.
39. John Wesley, Sermons on Several Occasions Vol.1, Carlton & Phillips, New York, 1855
40. Kris Douma, PRI, Louise Scott and Anna Bulzomi, PwC, The SDG Investment Case, 2017
41. LVMH rapport annuel 2020
42. Neelam Jhawar, Shasta Gupta, Understanding CSR- Its History and the Recent Developments, IOSR Journal of Business and Management, Vol.19, No.5, May 2017
43. NVIDIA CSR Social Responsibility FY2021
44. Michael J. Sandel, Justice: What's The Right Thing To Do?, Farrar, Straus and Giroux, 2010. 8. 1
45. Microsoft Environmental Sustainability Report 2020
46. Microsoft 2020 CSR Report

47. Microsoft Stakeholder Engagement in the Governance of Corporate Social Responsibility
48. 'The Materiality of Social, Environmental and Corporate Governance Issues to Equity Pricing', UNEP Finance Initiative, 2004.6.
49. Matthew W. Sherwood, Julia Pollard, Responsible Investing: An Introduction to Environmental, Social, and Governance Investments 1st Edition, □ Routledge; 1st edition, October 1, 2018
50. Meadows, D. H., Meadows, D. L., Randers, J., Behrens, W. W. III., The Limits to Growth, New York: Universe Books, 1972,
51. Michael E. Porter, George Serafeim and Mark Kramer, Where ESG Fails, Institutional Investor, 2019. 10. 16.
52. Milton Friedman, A Friedman doctrine-- The Social Responsibility Of Business Is to Increase Its Profits, The New York Times, 1970. 9. 13.
53. MOL GROUP INTEGRATED ANNUAL REPORT 2020
54. OTP Group Sustainability Report 2019
55. Patricia Waiwood, Federal Reserve Bank of Cleveland, Recession of 1937-38

56. Patrick De Pelsmacker, Liesbeth Driesen, And Glenn Rayp, Do Consumers Care about Ethics? Willingness to Pay for Fair-Trade Coffee, The Journal of Consumer Affairs, Vol. 39, No. 2, 2005

57. PayPal 2020 Global Impact Report

58. Ping An 2020 Sustainability Report

59. Roger J. Best, Employee Satisfaction, Firm Value and Firm Productivity, University of Central Missouri Department of Economics and Finance, 2008,

60. Steve Schueth, Social Responsible Investing in the United States, Journal if Business Ethics, Vol.43, No.3 (2003)

61. Tesla Conflict Minerals Report FY 2019

62. Tesla impact report 2019

63. Tim Koller, Marc Goedhart, David Wessels, Valuation: Measuring and Managing the Value of Companies (Wiley Finance) 7th Edition, McKinsey & Company Inc.

64. 'UNEP FI 2003 overview', UNEP Finance Initiative

65. 'UNEP FI 2004 overview', UNEP Finance Initiative

66. United Nations, Our Common Future, 1987

67. Walmart 2021 ESG annual summary

68. The World Bank, Where Is The Wealth Of Nations? Measuring Capital for the 21st Century, Washington, DC, 2006,

69. 'Who cares wins:Connecting Financial Markets to a Changing World', Financial Sector Initiative Who Cares Wins, 2004, 12

70. William Forster Lloyd, Two Lectures on the Checks to Population, 1833

71. Zhang, L.. (2021), The surge, Middletown,USA; Broadroom&beyond,

● 신문기사

72. 강구귀, 남양유업, 강매주장 대리점주 고소…대리점주들 "맞고소 할 것", 이투데이, 2013. 3. 5.

73. 강종훈, 남양유업, 홈페이지 해킹당해 회원 개인정보 유출, 연합뉴스, 2017. 8. 30.

74. 권유진, 반도체 제왕들 쩔쩔매게 한 '슈퍼을' 회사…ASML 넌 누구냐, 중앙일보, 2021. 1. 30.

75. 금융위원회 보도자료, '기업 부담은 줄이고, 투자자 보호를 강화하기 위한 기업공시제도 개선방안을 추진하겠습니다.' 2021. 1. 14.

76. 금융위원회, '기업공시제도 종합 개선방안', 2021. 6. 27.

77. 김시현, '태평양 한가운데 '쓰레기의 무덤' 있다', 조선일보 2009. 8. 6.

78. 김지성, 카지노·주류·마약…'나쁜 기업' 골라 투자하는 ETF, 머니투데이, 2021. 12. 30.

79. 박광석, 기후변화로 새롭게 발생하는 병충해 '지역 맞춤형 기상기후정보'로 피해 줄인다, 충청매일, 2021. 10. 12.

80. 심우일, ESG 공시법안 난립…기업은 고달프다, 서울경제, 2021. 12. 16.

81. 조임정, "임신하면 퇴사"...남양유업 횡포, YTN, 2013. 6. 27.

82. BBC 코리아, 물류 대란: 한국도 크리스마스 배송 안 될까?, 2021. 10. 21.

● 홈페이지

83. 기상청, https://www.kma.go.kr/,

84. 배출권시장 정보플랫폼, https://ets.krx.co.kr

85. 브리태니커 온라인, https://www.britannica.com

86. 블랙록, https://www.blackrock.com/kr/larry-fink-ceo-letter

87. 영국은행, https://www.bankofengland.co.uk/

88. 전국경제인연합회, http://www.fki.or.kr

89. 통계청, http://kostat.go.kr

90. 한국거래소, https://sribond.krx.co.kr

91. 한국전력공사, https://home.kepco.co.kr

92. Global Impact Investing Network, https://thegiin.org/

93. Principles for responsible investment, https://www.unpri.org/pri

94. New Jersey'S Ban On Single-Use Plastic Products Takes Effect In One Year, https://www.nj.gov

95. United Nation Climate Change, https://unfccc.int/